SV

Band 941 der Bibliothek Suhrkamp

Marina Zwetajewa 1917

Marina Zwetajewa
Mutter und die Musik

Autobiographische Prosa

Aus dem Russischen und
mit einem Nachwort
von Ilma Rakusa

Suhrkamp Verlag

Auswahl aus *Isbrannaja prosa w dwuch tomach. 1917-1937*

Erste Auflage 1987

Druck: Nomos Verlagsgesellschaft, Baden-Baden
Printed in Germany

Mutter und die Musik

Mutter und die Musik

Als statt des ersehnten, vorentschiedenen, fast herbeibefohlenen Sohnes Alexander *ich* zur Welt kam, unterdrückte die Mutter einen selbstmitleidigen Seufzer und sagte: »So wird aus ihr wenigstens eine Musikerin.« Und als dann mein erstes, ebenso sinnloses wie klar artikuliertes voreinjähriges Wort »Gamma«, Tonleiter, war, meinte die Mutter nur, bekräftigend: »Das wußte ich doch«, und begann auch schon mit dem Musikunterricht, indem sie endlos die Tonleiter sang: »Do, Mussja, do, und dies hier re, do – re . . .« Dieses do – re verwandelte sich bald in ein riesiges Buch, halb so groß wie ich, in ein »Puch«, wie ich damals sagte, vorerst bloß in den Deckel des »Puchs«, in Gold, das mit solcher Wucht und Gewalt aus dem Lila hervorbrach, daß noch heute in einem verborgenen *undinischen* Winkel meines Herzens Hitze und Grauen herrschen, als läge jenes düstere, glühende Gold auf meinem Herzensgrund, als stiege es dann bei der leisesten Bewegung auf, als füllte es mich bis zum Augenrand und versengte meine Tränen. Das also ist do – re (Doré), re – mi aber ist der Knabe Rémy aus *Sans Famille*, der glückliche Knabe, den der böse Mann der Amme (estropié, d. h. mit verstümmeltem Fuß), der Krüppel Père Barberin, mit einem Schlag in einen unglücklichen Jungen verwandelt hat: zuerst ließ er die Pfannkuchen nicht Pfannkuchen werden, und am folgenden Tag übergab er Rémy dem fahrenden Sänger Vitalis, ihm und seinen drei Hunden Capi, Zerbino und Dolce, sowie seinem einzigen Affen Joli-Cœur, einem schrecklichen Trunkenbold, der später an Rémys Brust an Tuberkulose starb. Das also wäre re – mi. Nimmt man die Töne aber einzeln, so ist do – ganz

weiß, leer, das was *vor* allem war, re – blau, mi – gelb (vielleicht midi?), fa – braun (das Sonntagskleid der Mutter aus Faille vielleicht und das blaue re – der Regen?) und so weiter, und all diese »Undsoweiter« gibt es, nur will ich den Leser damit nicht überschütten, hat doch ein jeder *seine* Farben und *seine* guten Gründe dafür.
Über mein Gehör freute sich die Mutter und lobte es spontan, meinte aber nach jedem »Prachtkerl!«, das ihr entfuhr, nüchtern: »Du kannst nichts dafür. Das Gehör stammt von Gott.« Das ist mir geblieben, einfürallemal, daß ich nichts dafür kann, daß das Gehör von Gott stammt. Das hat mich vor Selbstüberheblichkeit und Selbstzweifel bewahrt und – in der Kunst – vor Selbstgefälligkeit, denn das Gehör stammt ja von Gott. »Dein Beitrag ist die Bemühung, kann man doch jede Gabe Gottes zugrunde richten«, sagte die Mutter über meinen vierjährigen Kopf hinweg, der dies nicht begriff und gerade deshalb in einer Weise behielt, daß es nicht mehr auszumerzen ist. Und daß ich mein Gehör nicht verkommen, weder willentlich verkommen noch durchs Leben verkommen und abstumpfen ließ (sosehr ich es auch versuchte!), verdanke ich gleichfalls der Mutter. Wenn die Mütter ihren Kindern häufiger unverständliche Dinge erzählten, würden diese Kinder als Erwachsene nicht nur mehr begreifen, sondern auch entschlossener handeln. Einem Kind soll man nichts erklären, ein Kind soll man beschwören. Und je rätselhafter die Worte der Beschwörung, desto tiefer dringen sie ins Kind ein, desto dauerhafter ist ihre Wirkung: »Vater unser, der Du bist im Himmel . . .«
Mit dem Klavier und seinen do-re-mi-Tasten freundete ich mich schnell an. Meine Hand erwies sich als erstaunlich spreizbar. »Erst fünf und greift schon fast eine Oktave,

noch ein klein wenig!« sagte die Mutter, und ihre Stimme überbrückte das restliche Stück, dann fügte sie, damit ich mir nichts einbildete, hinzu: »Im übrigen sind auch ihre Füße so groß!«, wodurch sie in mir das dumpfe und heftige Verlangen weckte, einmal mit dem Fuß eine Oktave zu greifen (um so mehr, als ich von allen Kindern das einzige war, das die Zehen spreizen konnte). Nie wagte ich indessen, so etwas zu tun, ja auch nur zu Ende zu denken, denn »das Klavier ist ein Heiligtum«, aufs Klavier legt man nichts, weder Füße noch Bücher. Die Zeitungen nahm – fegte – die Mutter allmorgendlich vom Klavier, mit der hartnäckigen Ausdauer eines Märtyrers und ohne dem Vater, der sie stur und nichtsahnend dorthin legte, das geringste zu sagen; und wer weiß, ob nicht der Gegensatz zwischen der vollkommenen Spiegelglätte und Schwärze des Klaviers und dem unordentlichen, unansehnlichen Zeitungshaufen, ob nicht die gleichzeitig weitausholende und pedantische Ordnungsgeste der Mutter in mir die unerschütterliche, axiomatische Überzeugung entstehen ließen, Zeitungen seien Teufelsspuk, und meinen Haß bewirkten sowie die Rache der Zeitungswelt. Und sollte ich eines Tages am Straßenrand sterben, werde ich zum mindesten wissen, *warum*.

Außer einer großen Hand besaß ich einen »vollen, kräftigen Anschlag« und ein »für ein so kleines Mädchen ungewöhnlich beseeltes Toucher«. Beseeltes Toucher klang wie Samt, war braun, und da »toucher« berühren heißt, bedeutete dies, daß ich das Klavier wie Samt berührte, samten, braunsamten, mit Katzenpfötchen: patte de velours.

Zurück zu den Füßen. Als zwei Jahre nach Alexander – also nach mir – der vielbeschworene Kirill – Assja – zur Welt kam, bemerkte die Mutter, die ihre Lektion gelernt hatte:

»Sei's drum, das gibt eine zweite Musikerin.« Doch als Assja, die sich im blauen Netz ihres Bettes verfangen hatte, als erstes verständliches Wort »Suß« (Fuß) hervorstieß, wurde die Mutter nicht nur traurig, sondern zornig: »Fuß? Soll das Ballerina bedeuten? Ich soll eine Ballerina zur Tochter haben? Der Großvater eine Ballerina zur Enkelin? In unserer Familie hat Gott sei Dank keiner getanzt!« (Da irrte sie sich: im Leben ihrer Mutter gab es nämlich einen verhängnisvollen Ball; hier nahm alles seinen Anfang: ihre Musik, meine Verse, unser gemeinsames, schwer zu ertragendes lyrisches Leid. Doch *sie* hat von alldem nichts erfahren, nie. Mir kam es zu Gehör, fast vierzig Jahre nach ihrer stolzen Behauptung, im Russischen Haus in Ste-Geneviève-des-Bois – wie, darüber werde ich zu gegebener Zeit berichten.)

Die Jahre vergingen. Der »Fuß« schien sich durchzusetzen. Jedenfalls spielte die leichtfüßige Assja ganz abscheulich Klavier – völlig falsch, zum Glück aber so leise, daß im benachbarten Salon nichts zu hören war. Vielleicht irre ich mich, doch hat sie wohl, bei bestem Wissen und Gewissen und wenn sie die Finger maximal spreizte, kaum mehr als do – fa greifen können. Ihre Hand war (wie der Fuß) winzig, ihr Anschlag zaghaft, ihr Toucher das einer Fliege. All dies zusammengenommen verletzte das Gehör – wie eine Klinge das Ohr.

»Sie ist also Iwan Wladimirowitsch nachgeschlagen«, meinte die Mutter bekümmert und doch schon versöhnt, »er hat ein selten schlechtes Gehör. Im übrigen scheint das bei Assja nicht der Fall zu sein. Wenn man nur einmal hören könnte, wie sie singt, vielleicht singt sie richtig? Doch weshalb spielt sie so falsch Klavier?«

Die Mutter begriff nicht, daß sich Assja, jung wie sie war,

beim Klavierspielen entsetzlich langweilte und nur aus Müdigkeit danebengriff, wie ein blinder Welpe neben die Schüssel. Oder vielleicht schlug sie zwei Tasten auf einmal an im Glauben, daß sie auf diese Weise ihr Pensum schneller erledigen könne? Oder vielleicht (zwei auf einmal), weil sie wie eine gewichtlose Fliege Mühe hatte, eine bestimmte Taste anzupeilen? So oder so – ihr Spiel war nicht nur kläglich, sondern auch tränenreich, mit ganzen Strömen kleiner schmutziger Tränen und einem eintönigen mückenartigen i–i, i–i, i–i, bei dem sich alle Hausbewohner, mitsamt dem Hausmeister, an den Kopf griffen und verzweifelt ausriefen: »Sie legt schon wieder los!« Und gerade weil Assja mit Spielen fortfuhr, stellte die Mutter, von Tag zu Tag resignierter, ihre musikalische Karriere immer mehr in Frage und setzte ihre ganze Hoffnung auf mich, die Tränenlose.

»Der Fuß, der Fuß«, sagte sie nachdenklich, als sie mit uns, die wir mittlerweile herangewachsen waren und kurzes Haar trugen, über eine kurzgemähte herbstliche Kaluger Wiese ging, »was soll's, schließlich kann auch eine Ballerina eine rechtschaffene Frau sein. Ich kannte eine, in Sokolniki, sie hatte sechs Kinder und war eine hervorragende Mutter, so vorbildlich, daß sogar *Großvater* mich einmal zu ihr gehen ließ, auf eine Taufe . . .« Dann fügte sie in unverkennbar scherzhaftem Ton hinzu (und wir erfaßten es sogleich): »Mussja – eine berühmte Pianistin, und Assja (das sprach sie undeutlich) . . . eine berühmte Ballerina, mir wächst vor lauter Stolz ein Doppelkinn.«

Nicht mehr scherzhaft, sondern mit tiefer, echter Freude und voll Bitterkeit meinte sie: »So werden denn meine Töchter einst ›freie Künstlerinnen‹, wie ich es so gerne geworden wäre.« (Ihr Vater plädierte für eine Erziehung zu

Hause, für eine häusliche Existenz, und sie stand nur ein einziges Mal auf der Bühne, zusammen mit dem greisen Possart, ein Jahr vor ihrem und seinem Tod.)

. . . Doch mit den Noten wollte es anfänglich nicht klappen. Die Taste drückt man nieder, aber die Note? Die Taste existiert, da ist sie, schwarz oder weiß, die Note aber existiert nicht, sie liegt auf der Notenlinie (auf welcher?). Die Taste gibt einen Laut, die Note nicht. Die Taste existiert, die Note nicht. Wozu Noten, wenn es Tasten gibt? So verstand ich denn nichts, bis ich eines Tages auf dem Umschlag eines Gratulationsbriefes, den mir Augusta Iwanowna als »Glückwunsch« für meine Mutter überreichte, auf einer Notenlinie statt Noten Spatzen sitzen sah! Damals begriff ich, daß die Noten auf Zweigen leben, jede auf einem eigenen, und daß sie von dort auf die Tasten hüpfen, jede auf ihre eigene. So kommt die Taste zum Erklingen. Diejenigen aber, die zu spät kamen (wie das Mädchen Katja aus den »Abendlichen Mußestunden«: der Zug fährt winkend davon und Katja und die Großmutter, die sich verspätet haben, weinen . . .), diejenigen, die zu spät kamen also, leben über den Zweigen, auf irgendwelchen ätherischen Zweigen, sie hüpfen aber trotzdem herunter (nicht immer zur rechten Zeit, dann entsteht ein falscher Ton). Und wenn ich zu spielen aufhöre, kehren die Noten auf ihre Zweige zurück und schlafen dort wie die Vögel und fallen, wie die Vögel, nie herunter. Fünfundzwanzig Jahre später sind sie dennoch heruntergefallen, ja heruntergestürzt:

> Alle Noten stürzten vom Blatt,
> Alle Geständnisse von den Lippen . . .

Obwohl ich schon in kurzer Zeit glänzend vom Blatt zu lesen verstand (besser als Gesichter lesen, von denen ich lange lange nur das Beste ablas!), gewann ich die Noten nie lieb. Die Noten störten mich: sie hinderten mich daran, auf die Tasten zu schauen, sie verwirrten die Melodie, verwirrten das Gedächtnis, vertrieben das Geheimnis, und wie man einen Menschen zu Fall bringt, so brachten sie meine Hände zu Fall, ließen die Hände nicht tun, was sie wollten, mischten sich ein als Dritte, als der »ewige Dritte im Liebesspiel«, wie es in meinem Poem heißt (das – wegen seiner Schlichtheit oder wegen meiner Kompliziertheit – von niemandem verstanden wurde), und am sichersten spielte ich auswendig.

Doch unabhängig vom Gesagten, das nicht nur für mich, sondern für jeden Anfänger gilt, erkenne ich jetzt, daß es fürs Notenlesen einfach zu früh war. O, wie Mutter es eilig hatte mit den Noten, Buchstaben, Undinen, den Jane Eyres und Anton Goremykas, mit der Verachtung physischen Schmerzes, mit der hl. Helena, mit dem »Einer gegen alle, einer – ohne alle«, wo sie doch genau wußte, daß es ihr nicht gelingen würde, daß ihr trotzdem nicht alles gelingen würde, daß ihr trotzdem nichts gelingen würde, darum also – wenigstens dies, und wenigstens das, und das auch noch, und auch noch jenes ... Damit man sich erinnern konnte! Und für das ganze restliche Leben versorgt war! Wie sie vom ersten bis zum letzten Augenblick verschenkte – und bedrängte! –, den Dingen keine Gelegenheit gab, sich zu setzen, sich niederzuschlagen (und uns keine Ruhe), wie sie Eindruck um Eindruck, Erinnerung um Erinnerung ausschüttete, aufhäufte – in einer Truhe, die schon übervoll war (aber ohne Boden, wie sich erwies), aus Versehen oder mit Absicht? Tief hinein stopfte sie das Liebste, um es länger vor den Augen zu verbergen, als Vorrat, für den Fall, daß schon »alles verkauft« wäre und nach dem letzten

Weggegebenen – das Hineintauchen in die Truhe bliebe, die noch alles birgt. Damit der Grund selber, im letzten Augenblick, gebe. (O Unerschöpflichkeit des Muttergrundes, endloses Geben!) Die Mutter hat sich in uns gleichsam lebendig begraben, für Zeit und Ewigkeit. Wie hat sie uns doch ausgefüllt mit Unsichtbarem, Unwägbarem, und so für immer alles Sicht- und Wägbare aus uns verdrängt. Und welch ein Glück, daß es nicht Wissenschaft war, sondern Lyrik – das, wovon es stets zuwenig gibt, in doppeltem Sinn zuwenig: wie dem Hungernden alles Brot der Erde zuwenig ist, wenig wie in der Erde das Radium, – das, was Mangel ist an allem, Mangel schlechthin, und gerade deshalb an die Sterne rührt! – das, wovon es nie *zuviel* geben kann, weil es selbst *zuviel* ist, eine Überfülle von Sehnsucht und Kraft, eine Überfülle von Kraft, die in Sehnsucht mündet, in bergversetzende.

Die Mutter erzog uns nicht, sie erprobte: unsere Widerstandskraft: gibt der Brustkorb nach? Nein, er gab nicht nach, sondern wurde weit, so daß er – jetzt – mit nichts zu sättigen und vollzukriegen ist. Die Mutter nährte uns aus der verborgenen Ader der Lyrik, so wie wir später unsre Ader schonungslos freilegten und unsre Kinder mit dem Blut unserer eigenen Sehnsucht nährten. *Ihr* (der Kinder) Glück, daß dies nicht gelang, *unser* Glück, daß es gelang.

Nach einer solchen Mutter blieb mir nur eines übrig – Dichter zu werden. Um mich von ihrem Vermächtnis zu befreien, das mich sonst erstickt oder zum Übertreter sämtlicher menschlicher Gesetze gemacht hätte.

Kannte mich die Mutter (als Dichter)? Nein, sie spielte »va banque«, setzte auf Unbekanntes, auf sich selbst – ihr verborgenes, ihr zukünftiges Selbst – und auf Alexander, den Sohn, den es nicht gab, der aber allem gewachsen sein mußte.

Und dennoch war es fürs Notenlesen zu früh. Mag einer meinetwegen mit knappen fünf Jahren lesen – ich las fließend mit vier, und andere Kinder auch –, so ist dasselbe Alter fürs Notenlesen üblicher- und üblerweise zu früh. Der Noten-Tasten-Vorgang ist komplizierter als der Buchstaben-Stimm-Prozeß, so wie die Taste komplizierter ist als die eigene Stimme. Bildhaft gesprochen: Man kann den Weg von der Note zur Taste leicht verfehlen, den Weg vom Buchstaben zur Stimme nie. Und ganz einfach gesprochen: Erhoben sich zwischen mir und der Klaviatur Noten, so stand zwischen den Noten und mir die Klaviatur, die ich, wegen des Notenblatts, ständig aus den Augen verlor. Ganz zu schweigen vom schlichten evidenten Sinn eines gelesenen Wortes und dem vollkommen rätselhaften Sinn eines gespielten Taktes. Wenn ich lese, setze ich um in Sinn, wenn ich spiele, setze ich um in Klang, der seinerseits einer Umsetzung bedarf, ansonsten ist der Klang – leer. Wie aber sollte ich, als Fünfjährige, dies fühlen und das Gefühlte ausdrücken können, wo ich bereits wieder suche: zuerst, mit den Augen, das Zeichen auf der Linie, dann, im Kopf, den entsprechenden Ton der Tonleiter, schließlich, mit dem Finger, die dem Ton entsprechende Taste? So entsteht ein Spiel mit drei Unbekannten, während für ein fünfjähriges Kind schon eine einzige reicht, hinter der sich ja stets eine andere verbirgt, die ihrerseits zu einer noch größeren Unbekannten führt, welche jenseits von Sinn und Klang ist, zur unendlich großen Unbekannten der Seele. Oder aber man müßte Mozart sein!
Die Tasten jedoch liebte ich: wegen ihrer Schwärze und Weiße (fast schon Gelbe!), einer Schwärze, die so offen, einer Weiße (fast schon Gelbe!), die so heimlich traurig ist, und weil die einen breit, die andern schmal (beleidigt!) sind, und

weil man auf ihnen, ohne sich von der Stelle zu rühren, wie auf einer Leiter auf und ab gehen kann, und weil diese Leiter unter den Fingern entsteht, und weil von dieser Leiter sogleich eiskalte Ströme, eiskalte Leiterströme über den Rücken laufen und die Augen erglühen – mit jener »Glut in einem Tale Daghestans« aus Andrjuschas Chrestomathie.

Und weil die weißen, wenn man sie anschlägt, ganz heiter, die schwarzen aber sofort traurig, *echt* traurig klingen, so *echt*, daß es mir vorkommt, ich drücke, wenn ich sie anschlage, auf meine eigenen Augen und presse aus diesen Tränen hervor.

Und weil man sie anschlagen kann: man schlägt sie an, und schon beginnt man zu sinken und sinkt, solange man sie nicht losläßt, endlos, ins Bodenlose – sinkt, auch wenn man sie losläßt!

Und weil sie außen glatt sind, unter dieser Glätte aber Tiefe sich verbirgt, wie beim Wasser, wie bei der Oka, nur daß sie noch glatter und tiefer sind als die Oka, und weil unter der Hand ein Abgrund klafft und dieser Abgrund sich durch die Hände auftut, und weil man, ohne sich von der Stelle zu rühren, ewig fällt.

Und weil diese Glätte der Tasten verräterisch ist, bei der ersten Berührung bereit, zu erklingen und einen zu verschlingen.

Und weil ich das Anschlagen liebe und das Anschlagen fürchte: schlägt man an – wird alles wach. (Dies empfand, 1918, jeder Soldat auf einem Gehöft.)

Und weil die Tasten Trauer bedeuten: jene gestreifte Bluse der Mutter, an jenem Sommerende, als nach dem Telegramm »Großvater ist still entschlafen« sie selber, verweint und dennoch lächelnd, erschien und als erstes sagte: »Mussja, Großvater hat dich sehr geliebt.«

Und wegen des kühlen »ivoire«, des glänzenden »Elfenbeins«, des fabelhaften »Elefantenbeins« (wie nur läßt sich ein Elefant mit einer Elfe vereinen?).
(Und die kindliche Entdeckung: vergißt man plötzlich, daß es sich um ein Klavier handelt, werden die Tasten zu Zähnen, zu riesigen Zähnen in einem riesigen kalten Rachen, der bis zu den Ohren reicht. Und das Klavier ist es, das zum zähnefletschenden Spötter wird, nicht Andrjuschas Nachhilfelehrer, Alexander Pawlowitsch Guljajew, den Mutter seines ewigen Kicherns wegen Spötter nennt. Ein Spötter aber ist gar nichts Heiteres, sondern etwas durch und durch Schreckliches.)
Und wegen der »Klaviatur« – dieses mächtigen Worts, das ich heute nur mit den ausgebreiteten Flügeln eines Adlers vergleichen kann, während ich es damals mit gar nichts verglich.
Und wegen der »chromatischen« Tonleiter – diesem Wort, das wie ein kristallklarer Wasserfall klingt, wegen der chromatischen Tonleiter, die ich soviel besser begriff als alles Grammatische, was immer es sei; ich begreife es noch heute nicht, bei ihm hört mein Verstehen auf. Wegen der chromatischen Tonleiter, die ich sehr schnell der einfachen: stumpfen: satten vorzog, dieser ammengleichen, hänschenkleinschen. Wegen der chromatischen Tonleiter, die weder nach rechts noch nach links abschweift, nur steigt und viel länger und geheimnisvoller ist als die einfache – so wie unsere Tarusser »Landstraße«, wo man hinter jedem Baum verlorengehen kann, viel länger und geheimnisvoller ist als der Twersche Boulevard vom Puschkin-Denkmal bis zum Puschkin-Denkmal.
Und weil die Chromatik – das sage ich jetzt – einer Seelenverfassung entspricht, die die meinige ist. Und weil die

Chromatik das Gegenteil der Grammatik ist – nämlich Romantik. Und Dramatik.
Diese Chromatik sitzt mir noch heute im Mark.
Mehr noch: die chromatische Tonleiter ist meine Wirbelsäule, eine lebendige Leiter, auf der alles, was in mir nach spielerischem Ausdruck verlangt, sich austobt. Und wenn es spielt, spielt es auf meinen Wirbeln.
... Wegen des Wortes – Taste.
Wegen des Körpers – Taste.
Wegen der Sache – Taste.
Und ich liebte das Wort »Moll«, violett, kühl, leicht geschliffen wie Walerijas Fläschchen, das sich in mir auf Gladiole reimte, die niegesehene Blume am mütterlichen Grab, beschrieben auf der ersten Seite der »Geschichte eines kleinen Mädchens«. Und »Dur«, so klar und markant wie meine eigene Nase im Spiegel. A-Moll war für mich der Begriff von Lila: das Lila der Schwertlilien von Tarussa, das Lila der Wolken über Strahov, das Lila der Ségurschen »Forêt des Lilas«.
Das Erniedrigungszeichen erschien mir stets als heimlicher Wink: als ob die Mutter, in Anwesenheit von Gästen, die Braue höbe und schnell wieder senkte und etwas von mir in die tiefste Tiefe verdrängte. Durch das Senken der Braue über dem Zeichen des Augs.
Das Auflösungszeichen (»bécarre«) indes war völlig leer: ein Zeichen dafür, daß etwas nicht zählte, Verkörperung des Verschwindens, und es selbst zählte nicht, es selbst existierte nicht, und ich behandelte es herablassend, wie einen Dummkopf. Außerdem war es mit Klavierdame Becker vermählt.
Am Anfang verwirrte mich noch das Oben und Unten – das Oben, das ich immer als Baß empfand, als das *Linke*, und das Unten, das mir als Diskant erschien, als etwas Feines, als

das *rechte* Ende der Klaviatur, als klangloses Klirren, als Übergang vom Klang zum Lack. (Oben – Berge und Donner, unten – zum Beispiel Insekten und Fliegen, Trollblumen, Löwenzahn, Stechmücken, Gründlinge und ähnliches mehr . . .). Jetzt sehe ich, daß ich damals recht hatte, denn wir lesen ja von links nach rechts, das heißt vom Anfang zum Ende, der Anfang aber kann unmöglich unten sein, da das Unten als solches Verschwinden ist. (Der hohe Ton vergeht, der tiefe Baßton geht – *ins All.* Geht über in den Lack. In dumpfes Getöse.) Die von Klaviatur und Tonhöhe ausgehende Definition des Oben und Unten entspräche der hebräischen Schrift.

Am meisten von all diesem Früh-Klavierenen liebte ich jedoch den Violinschlüssel. Ein seltsames langgezogenes und durch seine Unverständlichkeit (weshalb *Violin*schlüssel, wo's um ein Klavier geht?) einprägsames *Wort*, das wie ein Schlüssel die ganze mir verbotene Welt der Violine auftat und aus deren Dunkel schmerzlich-dumpf Paganinis Name ertönte, Sarasates Name – wie ein Bergkristall funkelnd – hervorpolterte, eine Welt – und das wußte ich schon! –, in der man fürs Spielen seine Seele dem Teufel verschachert – ein Wort, das mich fast zur Geigerin gemacht hätte. Und da gibt's noch einen anderen Schlüssel: den Born, die Quelle des Oheim Kühlborn, der vom perlmutternen Wasserstrahl zum todbringenden Strom anschwillt . . . Und noch einen weiteren Born:

. . . der kühle Born des Vergessens
mildert die Herzensglut!

Die Verse stehen in Andrjuschas Chrestomathie und haben zwei Unbekannte: »vergessen« und »mildern«, sowie zwei Bekannte: »Glut« und »Herz«, letztere sind – einunddasselbe.

Name und Aussehen des Violinschlüssels sind schwanengleich – ich malte ihn liebevoll aufs Notenpapier, als setzte ich einen Schwan auf einen Telefondraht.
Der Baßschlüssel hingegen sagte mir nichts: weder seine Form noch der Klang seines Namens, und insgeheim verachtete ich ihn. Ein Ohr – so ein banales grobes Ohr mit zwei Löchern, wobei diese – o Torheit! – nicht im Ohr selbst sitzen, sondern daneben, und gleich zwei statt eines einzigen, als ob man an einem Ohr zwei Ohrringe tragen könnte, und überhaupt: als käme ein Ohr einzeln vor. (Die Ohrenfrage interessierte mich sehr, da die Mutter, deren Ohren durchstochen und mit Ohrringen behängt waren, dies eine Barbarei nannte, ihre Stieftochter jedoch, die Internatsschülerin Walerija, die dies prachtvoll fand, nie zu durchstochenen Ohren kam: einmal schwollen sie an, dann wieder wuchsen sie zu, so trug sie denn, voll Ärger, einen Seidenfaden ums Ohr.) Das Wort Baß, wie in Baßschlüssel, bedeutete für mich einfach Trommel, der Baß aber: Schaljapin. Eine närrische Verehrerin (sie ist nicht ganz bei Sinnen und verneigt sich ständig!) stellt um Mitternacht ihren dreijährigen Sascha auf den Tisch und befiehlt ihm, »wie Schaljapin« zu singen. Darum hat er Augenringe und will nicht wachsen. Gottbefohlen, Baßschlüssel! Und zum eigenen Vergnügen lasse ich, mit den Knien den Stuhl, mit den Ellbogen den Tisch traktierend, eine Reihe wundervoller Schwäne erstehen, – unten – einer voller als der andere, – oben – einer schlanker als der andere, ein ganzer Zug von Violinschwänen!
Doch dies war Schreib-, Abschreib- und Schriftstellereifer. Einen musikalischen Eifer – Zeit, darüber zu reden – besaß ich nicht. Schuld daran oder vielmehr die Ursache dafür war der überbordende Ehrgeiz meiner Mutter, die von mir

nicht das forderte, was dem Maß meiner Kräfte und Fähigkeiten entsprach, sondern jene Maßlosigkeit und Alterslosigkeit, wie sie nur eine echte, angeborene Berufung hervorbringt. Sie forderte von mir – sich selbst! Von mir, die ich bereits eine Dichterin war, doch nie und nimmer eine Musikerin. »Da sitzt du deine zwei Stunden ab und bist erleichtert! Als ich vier Jahre alt war, konnte man mich vom Klavier nicht trennen! ›Noch ein wenig!‹ Wenn du nur ein einziges Mal darum gebeten hättest!« Ich habe nie darum gebeten. Ich war ehrlich, und weder ihre offenkundige Freude noch ihr Lob verleiteten mich dazu, etwas zu erbitten, was nicht von selbst über meine Lippen kam. (Die Mutter quälte mich mit der Musik.) Auch beim Spielen war ich ehrlich, spielte korrekt zur festgesetzten Zeit, zwei Stunden am Morgen, zwei Stunden am Abend (bis zum Eintritt in die Musikschule, das heißt bis zum sechsten Lebensjahr!), und ohne dabei allzu häufig auf das rettende Rund der Uhr zu schauen (die ich übrigens bis zu meinem zehnten Jahr nicht entziffern konnte – ebensogut hätte ich auf »Caesars Tod« über dem Notenständer schauen können), doch wie freute ich mich an ihrem tiefen Ruf! Ich spielte in Mutters Abwesenheit genauso wie in ihrer Gegenwart, spielte unbekümmert um die Verlockungen der deutschen Bonne, die mit Mutter auf Kriegsfuß stand, der mitleidigen Amme (»das Kind ist völlig zerquält!«), unbekümmert sogar um den Hausmeister, der den Ofen im Zimmer heizte: »Komm her, Mussenka, lauf ein bißchen rum!«, und gelegentlich sogar um den Vater, der, aus dem Studierzimmer tretend, etwas schüchtern vorbrachte: »Mir scheint, zwei Stunden sind vorbei. Ich höre dir schon geschlagene drei Stunden zu . . .« Armer Papa! In Wirklichkeit hörte er *nichts*, weder uns, unsere Tonleitern, Kanons und Galopps, noch Mutters Klangkaskaden oder Walerijas Läufe (sie sang). Er hörte so wenig, daß er nicht einmal die Türe seines Studierzimmers zu schließen brauchte! Dabei war es so: Wenn ich nicht spielte, spielte Assja, wenn Assja nicht spielte, übte Walerija und – uns alle übertönend und überdeckend – die Mutter, den ganzen Tag und fast die ganze Nacht! Er kannte nur ein einziges Motiv, aus der Aida, es war das Erbe seiner ersten Frau, eines früh verstummten Singvogels. »Nicht mal Gott beschütze den Zaren kannst du singen!« sagte die Mutter in spöttisch-vorwurfsvollem Ton. »Warum soll ich's nicht können? Ich kann's doch! (Und hob gleich an:) Go-o-tt!« Bis zum »Zaren« kam er indes nie, denn die Mutter, die ihren Spott gegen eine echte Leidensmiene eintauschte, hielt sich die Ohren zu, und Vater brach das Lied ab. Er hatte eine kräftige Stimme.

Später, nach Mutters Tod, sagte er häufig zu Assja: »Assenka, mir scheint, du spielst falsch«, sagte es, um sein Gewissen zu erleichtern, jetzt, da er Mutters Nachfolge angetreten hatte.

Nein, ungeachtet aller Verlockungen, Mitleidsbekundungen und Zurufe – spielte ich. Blieb pickelhart.

Hitze. Bläue. Mückenmusik und Marter. Der Flügel steht dicht am Fenster, als versuchte er vergeblich, mit elefantischer Unbeholfenheit ins Freie zu gelangen, und durchs Fenster halb in die Stube hinein lehnt sich, wie eine lebendige Gestalt, der Jasmin.

Schweiß strömt an mir herab, die Finger sind rot, ich spiele mit dem ganzen Körper, mit meiner nicht geringen Kraft, mit meinem ganzen Gewicht und Fingerdruck, vor allem aber mit meinem gesammelten Widerwillen gegen das Spiel. Ich betrachte meine Hand, die man zur Zeit, als

Mutter Kind war, auf gleicher Höhe mit dem Ellbogen und dem ersten Fingerglied (in gespannter Position) halten mußte, völlig unbeweglich, um nicht den siedend heißen Kaffee in der Sèvres-Tasse zu verschütten (beachten Sie die Tücke!), um nicht einen Silberrubel fallen zu lassen; ich aber muß sie in ständiger freier Bewegung halten, abwechselnd senken und heben, so daß der spielende Arm, das heißt Ellbogen, Hand und Fingerspitzen zusammen einen trinkenden Schwan ergeben und die bläulichen Adern auf dem Handrücken – beim Anschlag – den Buchstaben N, die Initiale jenes Nikolaj, der, nach Voraussage der deutschen Bonne, zwölf Jahre später mein Mann werden sollte, oder den Buchstaben H, den die Französin als Henri auslegte. Alle sind im Freien: Andrjuscha und Papa sind baden gegangen, die Mutter und Assja »ins Holz«. Walerija nach Tarussa zur Post, nur die Köchin hämmert mit dem Fleischmesser, und ich – auf den Tasten. Oder im Herbst: Andrjuscha schabt an einem Stock, Assja zeichnet, mit vorgestrecktem Zünglein, Häuser, Mutter liest den »Ekkehard«, Walerija schreibt einen Brief an Wera Muromzewa, und nur ich allein – »spiele«. (Warum??)

»Nein, du liebst die Musik nicht«, sagte die Mutter verärgert (von Grund auf verärgert!) über mein schamlos ehrliches seliges Hochspringen vom Hocker, auf dem ich zwei Stunden gesessen hatte. »Nein, *du* liebst die Musik *nicht*!«

Doch – ich liebte sie. Die Musik – liebte ich. Nur meine Musik liebte ich nicht. Das Kind kennt keine Zukunft, es lebt im Jetzt (welches *immer* bedeutet). Jetzt gab es nur Tonleitern, Kanons und schäbige »Stücklein«, die mich durch ihre Unscheinbarkeit kränkten. Meine künftige Virtuosität aber verband ich gänzlich mit jenem Nikolaj oder Henri. Gut hatte sie es, die alles konnte auf dem Klavier, die sich auf die Tasten niederließ wie ein Schwan aufs Wasser, die – ich kann es bezeugen – nach drei Stunden Gitarrenunterricht bereits Konzertstücke spielen konnte, die in den Noten las wie ich in einem Buch – sie hatte guten Grund, »die Musik zu lieben«. In ihr vereinigte sich das musikalische Blut von väterlicher und mütterlicher Seite, diese beiden Blutströme haben sie gezeugt! Und sie vergaß, daß sie selbst es gewesen war, die durch die Ehe ihrem eigenen, melodischen, lyrischen, gleichmäßig zusammengesetzten Blut ein fremdes zugeführt hatte: ein philologisches, echt kontinentales, das sich mit ihrem Blut nicht vermischte, nicht vermischen konnte.

Die Mutter überschwemmte uns mit Musik. (Aus dieser Musik, die sich in Lyrik verwandelte, sind wir nie mehr aufgetaucht, ans Tageslicht!) Die Mutter überflutete uns wie Hochwasser. Ihre Kinder waren, wie die Hütten der Armen am Ufer aller großen Flüsse, von vornherein dem Untergang geweiht. Die Mutter überflutete uns mit der ganzen Bitterkeit ihrer nichtverwirklichten Berufung, ihres nichtverwirklichten Lebens, überflutete uns mit Musik wie mit Blut, dem Blut einer zweiten Geburt. Ich kann sagen, daß ich nicht »ins Leben«, sondern »in die Musik hinein« geboren wurde. Von Geburt an hörte ich das Allerschönste, das man überhaupt hören kann (die *Zukunft* eingeschlossen). Wie sollte ich mir nach der unerträglichen Magie dieser allabendlichen Ströme (dieser undinischen, erlköniglichen »Perlenläufe«) mein eigenes ehrliches, trauriges, angestrengtes »Spiel« – mit Zählen und Metronomschlägen – anhören wollen? Wie nur sollte ich es nicht verabscheuen? Eine geborene Musikerin hätte sich überwunden. Ich aber war keine geborene Musikerin. (Eben fällt mir ein, daß eines ihrer liebsten russischen Bücher »Der blinde Musikant« war, sie berief sich ständig darauf, um mir Vorwürfe zu machen, wie sie sich auch stets auf den dreijährigen Mozart berief, auf sich selbst als Vierjährige und später auf Mussja Potapowa, die mich im Eiltempo überholt hatte, und auf wen nicht sonst noch, auf wie viele! . . .)

Das Ticken des Metronoms. In meinem Leben gibt es einige unerschütterliche Freuden: nicht ins Gymnasium gehen zu müssen, nicht im Moskau des Jahres 1919 erwachen zu müssen, kein Metronom hören zu müssen. Wie können musikalische Ohren ein Metronom ertragen? (Oder sind musikalische Ohren etwas anderes als musikalische Seelen?) Das Metronom habe ich bis zu meinem vierten Lebensjahr geliebt, fast so wie die Kuckucksuhr, und aus demselben Grund: weil auch in ihm jemand lebt, wer – das ist unbekannt, und weil ich es war, die ihn in seinem Gehäuse zum Leben erweckte. Es war ein Haus, in dem ich selber gern gewohnt hätte. (Kinder wollen immer in etwas Unmöglichem leben – so träumte mein sechsjähriger Sohn davon, in einer Straßenlaterne zu wohnen: sie ist hell, warm, hoch oben, man sieht alles ringsum. »Und wenn sie dein Haus mit Steinen bewerfen?« – »Dann werde ich sie mit Feuer überfallen!«)

Doch kaum war ich seinem methodischen Ticken *unterworfen*, begann ich das Metronom zu hassen und zu fürchten, daß mir das Herz klopfte, daß ich schwach und starr wurde – ich fürchtete es, wie ich heute des Nachts den Wecker fürchte, jeden regelmäßigen Ton in der Nacht. Als ginge mir der Ton mitten durchs Herz! Da steht jemand über dir, drängt dich, hält dich zurück, läßt dich weder atmen noch schlucken und wird dich auch dann noch drängen und zurückhalten, wenn du hinausgehst – allein steht es im leeren Raum, hoch über dem leeren Klavierstuhl und dem geschlossenen Klavierdeckel, und tickt, weil man es abzustellen vergaß, so lange, bis es abgelaufen ist. Das Nichtlebende tyrannisiert das Lebende, das Nichtexistente das, was existiert. Und eines Tages läuft das Aufziehwerk nicht mehr aus, und ich bleibe auf dem Klavierstuhl sitzen für immer, für immer begraben unter dem Tick-Tack, Tick-Tack ... Es war der Tod, der die Seele bedrohte, die lebendige Seele, die sterblich ist – der unsterbliche (bereits tote) Tod. Das Metronom war ein Grab, und in ihm lebte der Tod. Sein schrecklicher Ton hat mich beinahe sein schreckliches Aussehen vergessen lassen: ein Stäbchen aus Stahl, das sich wie ein Finger erhob und mit maniakalischer Sturheit hinter meinem Rücken hin und her bewegte. Es war dies meine erste Begegnung mit der Technik, die alle weiteren determinierte, mit der Technik in ihrer ganzen Frische – ein Stahlbukett, und ich erhielt die erste Stahlknospe. O nein, ich habe mich vom Metronom nie getrennt! Es hat mich gehalten – nicht nur im Takt, es hat mich physisch – an den Stuhl gefesselt. Das offene Metronom war die sicherste Garantie, daß ich nicht auf die Uhr sah. Doch die Mutter hat es, zum Glück, manchmal vergessen, und selbst meine protestantische Redlichkeit (die ich von ihr hatte!) konnte mich nicht dazu bewegen, es ihr zu sagen und mich so dieser Qual auszusetzen. Wenn ich jemals jemand habe umbringen wollen, so das Metronom. Und noch heute erinnere ich mich deutlich an den leidenschaftlich-rachsüchtigen Blick, den ich ihm, wenn das Spiel beendet war und ich mit der ungezwungensten Miene am Notengestell vorbeiging, über die hochmütig hochgezogene Schulter zuwarf: ich – gehe, und du – bleibst hier!

Am Notengestell ging ich indessen nicht immer vorbei, ich blieb dort manchmal lange stehen. Das Notengestell war eine Bibliothek, doch eine stumme, ich kam mir wie geblendet oder blöde vor. Es war wie jene Wand, wo die lateinischen Bücher des Vaters, die englischen der Mutter standen, eine Wand, ganz und gar undurchdringlich: ich entziffere die Buchstaben und verstehe nichts. Immerhin begriff ich, daß in diesen braunen, sinnlich-dicken und mächtigen Heftbündeln alle »Perlenläufe« und Meere von Mutters Spiel enthalten waren. Doch ich höre nichts – bin taub! Das Auge sieht's, doch der Zahn kann es nicht packen. Dann beginne ich resigniert zu lesen: Opus – Moll – Rubinstein – Nuvellist.

Das Notengestell gehörte zur Hälfte der Mutter, zur Hälfte Ljora. Von der Mutter standen da: Beethoven, Schumann, Opera, Dure, Molle, Sonaten, Symphonien, Allegro non troppo, von Ljora: der »Nuvellist«. Der Nuvellist plus Romanzen (gesprochen mit dem französischen Nasal). Und ich zog natürlich die »anzen« vor. Erstens stehen da doppelt so viele Wörter wie Noten (auf eine Notenzeile kommen zwei Textzeilen), zweitens kann ich Ljoras gesamte Bibliothek lesen, ohne die Noten beachten zu müssen. Als mich später meine Versrhythmik veranlaßte, die Wörter durch ungewöhnliche Tirés in Silben zu zerlegen, zu zerreißen, und mich deswegen alle jahrelang tadelten und nur wenige lobten (letztere wegen meiner »Zeitgemäßheit«) und ich nichts anderes zu erwidern wußte als »so muß es sein«, sah ich eines Tages plötzlich die Romanzentexte meiner Kindheit vor mir, mit all ihren gesetzmäßigen Tirés, und fühlte mich gewaschen: durch die Musik von aller »Zeitgemäßheit« reingewaschen: gewaschen, gehalten, bestätigt und legitimiert – wie ein Kind, das sich durch ein verborgenes Geburtsmal als das leibliche zu erkennen gibt und jetzt endlich ein Recht hat aufs Leben! Doch hat vielleicht auch

Balmont recht, der einmal vorwurfsvoll-begeistert bemerkte: »Du verlangst von der Lyrik, was nur die Musik zu geben vermag!« Auch die Romanzen waren Bücher, nur eben mit Noten. Bücher – unter dem Deckmantel von Noten. Nur schade, daß sie so kurz sind. Du schlägst sie auf – und zu Ende ist's.

Da ist das Zauberschloß mit dem aufgemalten grünen Pseudo-Hüttchen auf Pfählen und der geheimnisvollen pflockartigen Aufschrift: Ihrer Hoheit, der großen Fürstentochter (ich weiß nicht welcher) gewidmet zum Tag der Heimkehr (vielleicht auch Abreise) Ihres Kaiserlichen Bräutigams, des Prinzen (ich habe vergessen, welches Prinzen). »Es steht ein Zauberschloß – Und viele Zimmer sind drin . . .« Ich erinnere mich an den elektrisierenden, freudetrunkenen Ausruf: »Er kehrt heim, der Bräutigam!«, als hinge die Erlösung der Welt von der Heimkehr des Bräutigams ab; dieses Versprechen, von der Musik zur Verheißung gemacht wie »Gelobt sei, der da kommt im Namen des Herrn!«, erfüllte mich mit Wehmut, als käme er trotzdem *nicht*, der Bräutigam. Diese magische Ergriffenheit – diese steilen Höhen der Wehmut! – fand ich später in den Nibelungen und, am andern Ende des Lebens angekommen, im unsterblichen Epos der Sigrid Undset wieder. Es war dies meine erste Begegnung mit dem skandinavischen Norden. Den »Bräutigam« aber stellte ich mir aus irgendeinem Grunde auf einem fliegenden Teppich vor, oder einfach als Drachen, auf jeden Fall als ein schwebendes Wesen, das vom Himmel geradewegs auf jenen Berg gefallen war. Der Nachhall dieses Berges findet sich in einer andern Romanze: »Liebe Be-erge, wir kehren wieder . . .« Was sollte das bedeuten? Und wer hatte diese schrecklichen Worte verfaßt, die mir als einzige geblieben sind, da es außer ihnen wohl keine andern gegeben hat? Wer (und dazu noch ein *wir*, im Plural!) tröstet die *Berge*, daß er kommt? Ihre Majestät etwa und der Drache, die von ihrem Berg herunterfliegen, um zu herrschen? Für eine Romanze, jedenfalls, sind solche Worte seltsam, und, wie Swjatopolk Mirskij zu sagen pflegte, »verliere ich mich in Mutmaßungen«. Eines steht fest: meine Leidenschaft für Berge und mein Fernweh im Flachland – bei einer Mittelrussin völlig absurd – haben ihren Ursprung hier. Die Berge faßten in mir Fuß durch meine Sehnsucht nach ihnen, ja durch ihre Sehnsucht nach mir, sang ich doch ihnen zum Trost: »Wir kehren wieder!«

Da ist noch etwas, ebenfalls mit einem Bildchen, das Walerija ihren Institutsfreundinnen viele Male ins Album aquarelliert hat: eine dunkelhäutige Greisin mit einem einzigen Ohrring und einem großen, karierten Tuch, wie unsere Mutter eines hatte; ihre Nase und das Kinn aber kommen sich so nah, daß man gerade noch eine Messerklinge dazwischen stecken könnte – eine Zauberin.

Wahrsage mir, alte Frau,
Ich erwarte dich schon lang.
Und die Zigeunerin, zerzaust,
In Lumpen, trat zu ihr heran.

»Zerzaust, in Lumpen!« sang Andrjuscha aus voller Kehle; er hatte nur darauf gewartet, daß die Sängerin zu dieser Zeile kam. Der Gesang endete mit einer Verfolgung, das Lied damit, daß er sie liebt. »Ja, sagte zu ihr das Blümchen in einer rätselhaften, nur dem Herzen verständlichen Sprache. Auf ihren Lippen – ein Lächeln, in ihrem Herzen – Freude und Sturm.«

Ljoras ganzes Regal leierte ich jeden Tag begeistert und

völlig sinnlos vor mich hin, manchmal, wenn ich mich vergaß, sogar in Gegenwart der Mutter. »Was redest du denn schon wieder? Wiederhol mal, wiederhole!« – »Im Herzen – Freude und Sturm.« – »Was soll das heißen?« Und ich, leise: »Daß im Herzen Freude und Sturm ist.« – »Was?« fragte die Mutter herausfordernd. Ich, ganz leise (doch bestimmt): »Sturm und Freude.« – »Was für ein Sturm? Was bedeutet Sturm?« – »Daß ihr unheimlich ist.« – »Wer ist sie?« – »Die zur Alten ging, denn die Alte ist unheimlich. Das heißt nein, die Alte ist zu ihr gegangen.« – »Welche Alte? Du bist verrückt geworden!« – »Die aus Ljoras Lied. Ein Fräulein pflückte ein Gänseblümchen und sieht plötzlich eine Alte vor sich, mit einem Stock ... Das ist eine ›Zauberin‹ (ich setze die Betonung auf die vorletzte Silbe).« Die Mutter forscht weiter: »Und was bedeutet ›Zauberin‹?« – »Ich weiß nicht.« Die Mutter, triumphierend: »Na siehst du, du weißt nicht einmal, was du redest! Tausendmal habe ich dir schon gesagt, du sollst die Finger von Ljoras Noten lassen. Ich kann ihr doch nicht auch noch das Notengestell abschließen!« Die Mutter sah zu Vater hinüber, der aufmerksam und zugleich verständnislos zugehört hatte und nun mit seiner Mappe ins Vorzimmer eilte. Ich ziehe mich, diese Ablenkung nutzend, ins unerreichbare Treppenhaus zurück, beginne aber schon auf halber Höhe: »Auf ihren Lippen – ein Lächeln, in ihrem Herzen – Freude und Sturm ... Tral-la-la-la-la-la ... Er blickt ihr in die Augen ...« So ergossen sich denn unter dem Metronom, unter seiner polierten Nase Fluten einer Lyrik *ohne Takte* auf mich. Und manchmal, wenn man mich ertappte, log ich einfach drauflos. (Nach dem Zeugnis meiner Mutter sagte ich bis zum vierten Lebensjahr die Wahrheit, dann muß ich mich plötzlich eines anderen besonnen haben ...) »Was tust du da schon wieder?« – »Ich betrachte das Metronom.« – »Was heißt ›ich betrachte das Metronom‹?« Mit unnatürlicher Begeisterung entgegne ich: »Es ist so schön! (Pause, und da mir nichts einfällt:) So gelb!« Die Mutter, etwas besänftigt: »Aufs Metronom soll man nicht schauen, sondern hören.« Und ich, bereits ganz oben auf der *rettenden* Treppe, schwankend zwischen dem Wunsch und der Furcht, gehört zu werden, sage in vernehmbarem Flüsterton: »Mama, ich habe in Ljoras Noten gewühlt! Das Metronom aber ist ein Scheusal!«

Zu Ljoras Repertoire gehörten auch die Noten ihrer Mutter, all diese Opern und Arien und Arrangements, ebenfalls mit Texten, doch solchen, die ich nicht verstand (denn sie hatte in Neapel Gesang studiert), und mit einer erdrückend großen Anzahl jener mir verhaßten drei- bis vierfach durchgestrichenen Noten über den Linien. Umgekehrt verachtete ich den »Nuvellist« wegen seiner kindlich-einfachen Notation, weil er mir trotz meiner kindlichen Unzulänglichkeit vollkommen verständlich war: lauter weiße Noten, fast keine Querbalken, als hätte jemand ein Notenblatt der Mutter genommen und (so wie man Hühner füttert!) über den ganzen Jahrgang des »Nuvellist« ausgestreut, so daß jeder Seite ein Brocken zufiel – in der Art meines »Lebert und Stark«, nur mit Pedal. Das Pedal übrigens war mir streng untersagt. »So klein noch und möchte schon mit Pedal spielen! Was willst du werden: eine Musikerin oder (sie unterdrückt den Namen ›Ljora‹) . . . ein Fräulein, das außer dem Pedal und verdrehten Augen . . . Nein, lerne mit den *Fingern* Pedalwirkung erzielen!« Ich nahm lieber den Fuß, doch nur in Abwesenheit der Mutter; dann aber drückte ich so lang, daß ich nicht mehr wußte, ob meine Stimme so klang oder noch immer das Pedal (das mir übrigens wie ein Goldschuh vorkam – der PLATTFUSS von Aschenbrödel!). Das Pedal hatte auch einen Namensvetter: den *Pedell*, den Pedell der Studenten*treffen*, der bei einem dieser Treffen den von Assja und mir heißgeliebten Arkadij Alexandrowitsch (Arkaeksanitsch), Andrjuschas Korrepetitor, festgenommen hatte. Von diesem Pedell war das zweite Gedicht meines Lebens inspiriert:

Alle laufen zum Treffen:
Wo ist das Treffen? Wo?
Es findet statt im Hof.

Der Pedell kam mir riesig vor, größer als der ganze Hof; er packte die Studenten (die Arkaeksanier) von oben, mit seiner riesigen gespreizten Pranke, wie ein Menschenfresser einen Däumling. Ein Menschenfresser – doch da er *gleichwohl* ein Universitätsangestellter war, prangten an ihm lauter Medaillen. Und natürlich war er ebenso allein, wie die Pedale zu zweit sind. Doch wenn ich schon vom Pedell rede, muß ich auch seinen Namensvetter erwähnen: den Pudel, den weißen klugen Capi aus *Sans Famille*, der dem Pedell die *Hosen* zerreißt – dann gibt der Pedell den Arkaeksanitsch frei –, und des Pedells und Pedals gemeinsame Namensvetterin »padalj«, Fallobst, – nach Fallobst roch es für Sekunden und jedesmal und betäubend stark – im Holunderbusch, genau neben dem Eingang unseres Tarusser Landhauses, ein Geruch, seit der Kindheit und Tarussa mir so vertraut und eigen, daß ich jedesmal, wenn ich das Wort Fallobst höre, mich umdrehe.
Doch kehren wir auf meinen Marterstuhl zurück. Es war ein Hocker, wie sich's gehört, doch wußte ich damals noch nicht, daß alle Hocker so sein müssen, ja ich wußte nicht einmal, daß es noch andere Hocker gab; es war *der Hocker*,

ein Ding ohne seinesgleichen und verhext, verlangte er doch als einziger, daß ich stillsaß, während er selber – sich drehte! Auf seinem feingerippten Hals, der an den gerupften Hals eines Truthahns gemahnte. Du drehst ihn hoch, so weit es geht, und wartest gespannt, daß der »Kopf« erschlafft, zu wackeln beginnt und schließlich abfällt. Ich erinnere mich auch an das Rollen eines andern Kopfes – meines eigenen, als ich, die Hände an den Sitz geklammert und mit den Füßen nachhelfend, starr in Erwartung der süßen Übelkeit, mich nicht ein- oder zweimal drehte, nein, die ganze Schraube rauf und runter – bis der Kopf abbrach, vom Halse absprang, wie die Kugel vom Jonglierstock. »Aha! sie hat sich wieder im Kreis herumdrehen lassen!« rief Andrjuscha, der leise eingetreten war und schweigend zusah, voller Schadenfreude über mein grünliches Gesicht. »Gib das Taschenmesser her, sonst sag ich Mama, wie du allein deine Leberts und Starks übst.« (Pause.) »Gibst du das Messer?« – »Nein.« – »Also, da hast du deinen Lebert! Da hast du deinen Stark!« Und ich versichere, der Schlag war alles andere als staccato.

Andrjuscha spielte nicht Klavier, da er von einer andern Mutter stammte, welche sang, und da hätte es nach Verrat ausgesehen: das Haus war nämlich säuberlich getrennt in Gesang (die erste Ehe des Vaters) und Klavier (die zweite Ehe), zwei Welten, die sich gelegentlich an späten Abenden, auf den Feldern von Tarussa, im zweistimmigen Gesang von Walerija und unserer Mutter vereinigten. Als wär es heute, höre ich Mutters unterdrückt-verzücktes »ach«, mit dem sie Walerijas stundenlanges »Intonieren« und »Summen« beantwortete, als wär es heute, sehe ich ihr Gesicht, ihre Hände, die sich seltsam veränderten, wenn sie mit Hilfe des Pedals auf einem besonders expressiven Akkord, oder mit Hilfe der halbgeschlossenen Augen und des vertikalen Kinns auf einem besonders hohen Ton innehielt, dem dann jener schreckliche tonlose kehlig-rauhe Schrei folgte, der in seiner Unerträglichkeit nur mit einem plötzlich zum Leben erwachenden, unter der Zunge sich regenden Zahnnerv zu vergleichen ist – ein Schrei, der einen zum Mörder machen könnte.

Doch kehren wir zu Andrjuscha zurück, der mit alldem nichts zu tun hatte, der weder spielte noch sang: dem Klavierspiel Andrjuschas widersetzte sich Großvater Ilowajskij in Person, indem er erklärte, Iwan Wladimirowitsch habe »eh schon genug Musik zuhaus«. Der arme Andrjuscha war solchermaßen zwischen zwei Ehen, zwei Schicksalen eingekeilt: Singen steht einem Jungen nicht an, das Klavier hingegen war *Mejnsches Erbe* (die zweite Ehe). Der arme Andrjuscha, woran fehlte es ihm denn: an Ohren? an einer freien Klaviatur? an einem Halbstündchen Zeit? an gesundem Menschenverstand? Woran? Allein und vor allen Dingen – am Gehör. Es kam aber heraus, wie's im Buch steht: weder Walerijas Kehlgegurgel noch mein beseelter Anschlag, noch Assjas Geklimper brachten etwas – all unsere Begabungen, Qualen, Errungenschaften führten zu nichts. Nur aus Andrjuscha wurde etwas, aus ihm, der niemals Zutritt zu unserm stolzen Musikschiff hatte, der in unserm Haus in einen gewissermaßen zwischenmusikalischen Raum geriet, damit Gäste und Diener und vielleicht sogar ein Schutzmann hinterm Fenster bei ihm, in seiner Stummheit, Erholung fänden. Doch es kam alles ganz anders, während das doppelte Verbot befolgt wurde: Andrjuscha sang nicht, spielte nicht Klavier, doch Andrjuscha, der mittlerweile Andrej geworden war, lernte aus eigenem Antrieb, eigenhändig und eigenohrig, Harmonika, dann Mandoline und schließlich Gitarre, spielte alles nach dem Gehör und lernte nicht nur selber, sondern brachte auch Assja das Balalaikaspiel bei, wobei er erfolgreicher war als die Mutter mit dem Klavier: Assja spielte laut und korrekt. Und Mutters letzte Freude war dieser große, hübsche, verlegen lächelnde Neapolitaner-Stiefsohn (sie ließ ihn als kurzgeschorenen Gymnasiasten zurück), der mit *ihrer* Gitarre in der Hand an ihrem Sterbebett saß und verlegen und sicher all jene Lieder vortrug, die er kannte, und er kannte – alle. Ihre Gitarre hatte sie ihm vermacht, eigenhändig übergeben: »Du spielst so gut, und sie paßt so gut zu dir . . .« Und wer weiß, ob sie in diesem Augenblick nicht bereute, daß sie *damals* auf den alten Großvater Ilowajskij und ihr junges zweiteheliches Ehrgefühl gehört hatte statt auf ihr besonnenes, unbesonnenes Herz, daß sie nicht alle Großväter und Frauen einfach vergessen hatte: jene erste, und sich selber, die zweite, meinen und Assjas musikalischen sowie Andrjuschas historischen Großvater, daß sie nicht mich – an den Schreibtisch, Assja – hinter die Hafergrütze, Andrjuscha – ans Klavier gesetzt hatte: »*Do,* Andrjuscha, *do*, und das hier re, do – re . . .« (was bei mir nichts anderes ergab als Doré, Gustave . . .).

Doch stelle ich fest, daß ich bis jetzt noch nichts über die Hauptfigur meiner Kindheit gesagt habe – das Klavier selbst. (Mit Goldbuchstaben stand da »Becker« – Royale à queue.) Es gab indes nicht nur ein einziges Klavier. In jeder spielenden Kindheit gibt es eins, zwei, drei, vier Klaviere. Erstens das, an dem man sitzt (schmachtet und so selten brilliert!). Zweitens jenes, an dem die andern sitzen, an dem die Mutter sitzt, und das heißt: man ist stolz und genießt. Ich sehe wie *damals* – nicht »als wär es heute«, denn *so* kann ich das jetzt nicht mehr sehen! – ihren Kopf mit dem kurzgeschnittenen, leicht gewellten Haar, immer aufrecht, selbst beim Briefeschreiben und Klavierspiel zurückgeworfen, thronend auf dem langen Hals, der zwischen zwei ebenso aufrechten Kerzen, die seitlich an ausziehbaren Ständern befestigt sind, hochragt. Und nochmals denselben Kopf in einem der beiden Wandspiegel, in der Spiegelvertikalen über der Horizontalen des Klaviers, denselben Kopf von einer unsichtbaren Seite aus (das Geheimnis des Spiegels verdoppelt durch das Geheimnis des Profils!) – im senkrechten Spiegelraum, der ihn entrückte in die unfaßbare Unerreichbarkeit des Spiegels, so daß der Kopf der Mutter, zwischen den Kerzen, sich durch den Spiegel beinahe in einen Christbaum verwandelte!

Das dritte und vielleicht längste Klavier ist jenes, unter dem man sitzt: das Klavier von unten, die Unterwasser-, die Unterklavierwelt. Submarin ist's nicht nur wegen der Musik, die einem auf den Kopf herabströmt: zwischen unserm Klavier und den Fenstern, die von seiner schwarzen Masse ausgefüllt waren und sich einzeln in ihm spiegelten wie in einem schwarzen See, standen Blumen, Palmen, Philodendren, die das subklavierene Parkett in einen echten Wassergrund mit grünlichem Lichtschimmer (auf den Gesichtern und Fingern) und echten, berührbaren Wurzeln verwandelten, wo Mutters Füße und die Pedale sich wie Riesenungeheuer lautlos bewegten.

Nüchterne Frage: Weshalb standen die Blumen *hinter* dem Flügel? Damit es schwieriger war, sie zu begießen? (Dem Charakter der Mutter hätte dies durchaus entsprochen!) Doch diese Verbindung von Klavier- und Blumenwasser, von Mutters spielenden und begießenden Händen, die abwechselnd Wasser und Musik strömen ließen, hatte zur Folge, daß ich das Klavier für immer in eins setzte mit

Wasser, mit Wasser und Grün: mit dem Rauschen von Wasser, mit Blätterrauschen.
Hier waren Mutters Hände, dort ihre Füße. Mutters Füße waren selbständige Lebewesen, die nicht das geringste mit dem Saum ihres langen schwarzen Rockes zu tun hatten. Ich sehe sie vor mir, genauer einen Fuß, den auf dem Pedal, schmal, aber groß, in einem schwarzen, absatzlosen Schuh mit kleinen Knöpfen, die wir Mopsaugen nennen. Deswegen auch sind sie pupillenartig (Mopsens prunelle des yeux). Der Fuß ist schwarz, das Pedal aber golden. Allein, warum ist es für die Mutter das rechte, während es für mich das linke ist? Wie kann es gleichzeitig das rechte und das linke sein? Würde ich nämlich von hier aus, unter dem Klavier, das Gesicht den Knien der Mutter zugewandt, draufdrücken, würde es sich als das linke entpuppen, wäre (dem Ton nach) kurz. Doch weshalb ist es dann für die Mutter das rechte und somit gedehnt? Und was würde geschehen, wenn ich es, gleichzeitig mit Mutters Fuß, niederdrückte – mit der Hand? Entstünde vielleicht ein kurzlanger Ton? Kurz-lang aber bedeutet gar nichts, das heißt, es entstünde gar nichts? Indes wage ich nicht, Mutters Fuß zu berühren, dergleichen wäre mir nie in den Sinn gekommen.
»Ein weiterer Beweis für deine Unmusikalität!« rief die Mutter aus. Sie hatte eine ganze Stunde gespielt (der sie verstört entstieg, wie ein Taucher nach allzu langem Tauchen dem stürmischen Wasser – da ist jeder und jedes fremd) und entdeckte erst jetzt, daß wir seit einer Stunde unter dem Klavier saßen: Assja schnitt aus Pappkarton kräftige Mädchen aus und stückweise deren Wäsche, ich dachte über rechts und links nach, häufiger aber über nichts, wie an der Oka. Andrjuscha blieb nie lange unter

dem Klavier; seine Beine waren plötzlich so geschossen, daß er unweigerlich an die Beine der Mutter stieß, die dann aufstand und Andrjuscha hinter ein Buch setzte, Bücher aber haßte er, weil man ihm, da er Bücher haßte, immer nur Bücher schenkte, damit er sie liebgewänne. Und auch deshalb, weil er vom Lesen sofort Nasenbluten bekam. Aus Selbsterhaltungstrieb also kroch er nicht unters Klavier, sondern saß unbeweglich auf seinem Steckenpferd im vorspringenden Teil des Zimmers und streckte Assja und mir die Zunge heraus und ballte die Faust. »Ein musikalisches Ohr kann diesen Lärm nicht ertragen!« donnerte die Mutter, daß ich fast taub wurde. »Man verliert das Gehör!« Dann leise: »So was gefällt mir!« Und vernehmlich: »Jetzt hört man's noch besser! Noch besser! Gleich wird mir das Trommelfell platzen!« – »Mutter, ich habe Ehrenwort nichts gehört!« sagte Assja eilig und prahlerisch. »Ich habe die ganze Zeit an diese winzige, winzige, wi-inzige Zacke gedacht!« Und sie streckte der Mutter voller Unschuld die tadellos geschnittenen Hosenborten für die Puppe entgegen. »Eine spitze Schere hast du benutzt, auch das noch!« rief die Mutter, völlig niedergeschmettert. »Fräulein, wo sind Sie? Die eine hört was, die andere hört gar nichts, und das sollen Großvaters Enkelinnen sein, meine Töchter ... O Gott!« Und als sie die Lippen ihres Lieblings zittern sah: »Bei Assenka ist es noch verzeihlich, Assenka ist noch klein ... Doch du, die du am Tage Johannes des Theologen sechs Jahre alt geworden bist!«

Arme Mutter, wie habe ich sie betrübt, und nie sollte sie erfahren, daß meine »Unmusikalität« eine *andere* Berufung barg!

Das vierte Klavier ist jenes, über dem man steht: man schaut, und während man schaut, dringt man ein, und es verhält sich damit im Lauf der Zeit genau umgekehrt wie beim Ins-Wasser-Steigen, wie bei den Gesetzen der Tiefe: zuerst reicht es einem bis über den Kopf, dann bis zum Hals (da schneidet es einem mit seiner schwarzen Kante, die kühler als ein Messer ist, rundweg den Kopf ab!), dann bis zur Brust, und zuletzt bis zum Gürtel. Man schaut, und während man schaut, schaut man sich an, vereint zuerst die Nasenspitze, dann den Mund und schließlich die Stirn mit seiner schwarzen, harten Kälte. (Weshalb ist es so tief und so hart? Wasser und Eis? Ein Ja und ein Nein?) Doch außer diesem Versuch, mit dem Gesicht ins Klavier einzudringen, gab es noch den einfachen Kinderstreich: man haucht auf den Lack, wie auf eine Fensterscheibe, und drückt rasch Nase und Mund auf das matte, sich verflüchtigende silberne Oval des Atems: die Nase wird zu einem Fünfkopekenstück, der Mund – verschwollen, als hätte ihn eine Biene gestochen – ist längsgestreift wie eine Blume und zweimal kürzer und breiter als in Wirklichkeit und verschwindet plötzlich, mit der Schwärze des Klaviers verschmelzend, als hätte das Klavier ihn verschluckt. Und manchmal, wenn die Zeit hierfür nicht ausreichte, küßte ich, nach einem kurzen Blick auf alle Ausgänge – erstens ins Vorzimmer, zweitens ins Eßzimmer, drittens ins Gastzimmer, viertens ins Halbgeschoß –, durch welche die Mutter unversehens eintreten konnte, das Klavier, küßte es, einfach um die Lippen zu kühlen. Nein, man kann sehr wohl zweimal ins selbe Wasser steigen. Und schon steigt aus dem tiefen Grund ein rundes fünfjähriges wißbegieriges Gesicht auf, ohne ein Lächeln und selbst durch die Schwärze hindurch rosig – wie ein Neger, den man ins Morgenrot, wie eine Rose, die man in einen Tintenteich getaucht hat. Das Klavier war mein erster Spiegel, und das erste Bewußtwerden meines Gesichts vollzog sich über die Schwärze, durch seine Übertragung in die Schwärze wie in eine dunkle, aber verständliche Sprache. So mußte ich mein ganzes Leben lang, wollte ich eine einfache Sache begreifen, diese in Verse kleiden, um sie *von dort her* zu betrachten.

Und schließlich das letzte Klavier – jenes, in das man hineinschaut: das Klavier von innen, das Klavierinnere, sein Saiteninneres, das wie jedes Innen geheimnisvoll ist – Pandoras Klavier: »Und was ist da drin?« –, jenes Klavier, das Fet in einem nur dem Dichter und dem Musiker verständlichen, erschütternd anschaulichen Vers beschrieben hat:

»Das Klavier, es klaffte *weit*, und seine Saiten bebten . . .«

Nicht die allegorischen »Saiten der Seele« sind gemeint, sondern die wirklichen Saiten, die die Hand des Erbauers gespannt hat, die man mit der Hand berühren, denen man entlangfahren kann, von den silbernen Stiften bis zu den mit rotem Samt beschuhten Hämmerchen, HÄMMERLEIN IM KÄMMERLEIN, irgendwie Grimmsch und gnomisch. Das Klavier der Festtage, der Kutschen und Rotunden, des Großen Lüstergestirns, das Klavier der mächtigen vierhändigen Wettkämpfe, der römischen Quadriga Klavier! Der seltene Anblick, wenn es sich mit seinem hochgestellten Rückendeckel plötzlich in eine Harfe verwandelte und seine nicht zu trübende seeische Glätte – in ein aus Saiten gebautes, vom Sturm oder von einem Recken umgestürztes Gehege des Feuervogels, – man streife es nur leicht, und schon geht's los! Das Klavier, das – wie jedes nächtliche Wunder – am Morgen keinerlei Spuren hinterließ.

Doch will ich nicht meine alte Haßliebe, das NOTENPULT, den Notenständer beleidigen, diese Hecke aus toten Blumen zwischen mir und der Freiheit – schwarze hölzerne,

lackierte Blumen, die mir an Hummel-, Drachen- und Himbeertagen – oje! – die Feldblumen ersetzten. Ein Notenständer, den man so flach stellen konnte, daß das Notenheft gleichsam in Ohnmacht lag, oder so steil, daß es über einem hing wie ein vorspringender Fels, der jeden Augenblick auf die Tasten zu stürzen und einen fürchterlichen Klangbrei zu erzeugen drohte. Der Notenständer mit seinem befreienden Knarrlaut, wenn er endgültig zusammengeklappt wurde.
Und dann die Gestalt des Klaviers selbst, die mich in meiner Kindheit an ein versteinertes Tierungeheuer gemahnte, einen Hippopotamos, und zwar, wie ich mich erinnere, nicht wegen seines Äußeren – ich habe ein solches Tier ja nie gesehen! –, sondern wegen des Klangs: hippopo (der Rumpf!), tam – der Schwanz. Später, als ich die Dinge vermenschlichte, erschien es mir als ältere Männergestalt aus den 1830er Jahren: wohlbeleibt, doch »bien pris dans la taille«, trotz des Umfangs graziös: ein erfahrener, nicht mehr ganz junger, unbedingt befrackter Tänzer, den die Mädchen auf den ersten Blick dem beschwingtesten vorziehen sowie jedem Soldaten. Aber viel eher noch ist es – ein Dirigent! Tiefschwarz, schwebend, ohne Gesicht, weil man immer nur den Rücken sieht, und voller Charme. Man stelle es auf die Spitze, und es wird ein Dirigent sein! Doch lassen wir den Tänzer und Dirigenten, denn das Klavier ist nur aus der Nähe besehen plump, sein Gewicht aber ist geradezu kolossal. Entfernt man sich jedoch etwas, läßt zwischen sich und ihm so viel Raum, wie für die Entfaltung des Klangs erforderlich ist, gewährt ihm, wie allem Großen, *Platz, damit es es selber sei*, so erweist sich das Klavier als ebenso elegant wie eine Libelle im Flug. Nur die Berge lasten auf einem, und die einzige Möglichkeit, sich von ihnen zu befreien, ist: weggehen oder sie erklimmen. Er-

klimme das Klavier. Erklimme es mit den Händen. Wie die Mutter es erklommen hat.

Um ihr Spiel wenigstens ein bißchen zu vergegenwärtigen, will ich drei Begebenheiten schildern. Als wir, beim ersten heftigen Ausbruch ihrer Tuberkulose, mit ihr nach Nervi kamen, war es bereits Nacht und Spielen nicht mehr möglich. Assja und ich schliefen ein, ohne das Meer gesehen zu haben, sie, ohne das Klavier ausprobiert zu haben. Am Morgen jedoch stand sie, die Schwerkranke, die während der ganzen Fahrt gelegen hatte, plötzlich auf und setzte sich ans Klavier. Einige Minuten später klopfte es an die Tür. Auf der Schwelle stand ein sanfter, brünetter Mann mit Melone. »Erlauben Sie, daß ich mich vorstelle: Dr. Mangini. Und Sie sind, wenn ich nicht irre, Signora X., meine künftige Patientin?« (Er sprach in gebrochenem Französisch.) »Ich ging eben vorbei und hörte Ihr Spiel. Ich möchte Sie warnen: wenn Sie so fortfahren, werden Sie nicht nur selber verbrennen, sondern auch Ihre ganze Pension Russe in Brand stecken.« Und mit unaussprechlicher Wonne, diesmal italienisch: »Geniale ... Geniale ...« Das Spielen verbot er ihr natürlich für lange.

Die zweite Begebenheit ereignete sich, als sie heimfuhr nach Rußland, um zu sterben. Irgendwo, es war wohl in München, tat sie wie immer – wusch sich nach der Fahrt und ging, ohne sich umzuziehen, direkt ans Klavier. Und da sehen Assja und ich, wie ein Junge, älter als wir, etwa vierzehn, rosig, mit goldig schimmerndem Haar, seinen Stuhl immer näher rückt, an sie heran: an ihre Hände und die brodelnden Klänge darunter, bis er, wie ein Schlafwandler, der eine ungeschickte Bewegung macht, mitsamt dem Stuhl ihr zu Füßen stürzt, unters Klavier. Die Mutter, die zuvor nichts bemerkt hatte, verstand mit einem Mal alles: ohne ein Lächeln half sie ihm auf die Beine, legte ihre Hand auf seinen Kopf und strich ihm leicht über die Stirn, als wollte sie in dieser lesen. (Der Sohn Alexander.) Ich muß beifügen, daß kein einziger der Anwesenden lachte, dabei waren – wo immer wir uns aufhielten – *alle* anwesend. (Der Junge hätte ja auch – mit demselben halbgeöffneten Mund, mit demselben Stuhl – auf einen heißen Ofen oder in einen Löwenrachen fallen können.) Ich und Assja wußten schon immer, daß es albern ist zu lachen, wenn einer fällt: selbst Napoleon ist gefallen! (Ich, mit meinem Maximalismus, ging noch weiter: es ist albern, wenn einer *nicht* fällt. Da geht einer und fällt nie – welch ein Dummkopf!) Nie werde ich meine Mutter mit diesem fremden Jungen vergessen. Es war die tiefste *Verneigung*, die ich je gesehen habe.

»Mama (es war im letzten Sommer, im letzten Monat ihres letzten Jahres), Mama, weshalb klingt dein WARUM so anders?« – »WARUM, warum?« rief die Mutter scherzhaft aus den Kissen. Dann wischte sie das Lächeln vom Gesicht: »Wenn du einmal groß bist und um dich siehst und dich fragst, warum alles so gekommen ist, wie es gekommen ist, warum nichts herausgekommen ist, weder bei dir noch bei all jenen, die du liebtest, die du spieltest, gar nichts bei niemand, dann erst kannst du das WARUM spielen. Bis dahin bemühe dich.«

Und als letztes – die Begebenheit vom Tod. Juni 1906. Wir fuhren nicht bis nach Moskau, sondern hielten an der Station Tarusskaja. Die ganze Strecke von Jalta bis Tarussa verbrachte die Mutter auf einer Bahre liegend. (»In einem Personenzug fuhr ich ab, in einem Güterzug komme ich an«, scherzte sie.) Auf den Armen dann trug man sie in den gedeckten Reisewagen. Ins Haus aber wollte sie sich nicht tragen lassen. Sie stand, jede fremde Hilfe zurückweisend, auf und ging – an uns, die wir wie entgeistert zusahen, vorbei – die paar Schritte von der Vortreppe bis zum Klavier, nicht wiederzuerkennen und riesengroß nach all den Monaten in der Waagrechten, in ihrem beigen Reisemantel, den sie als Pelerine hatte anfertigen lassen, um keine Ärmel anmessen lassen zu müssen. »Mal sehen, wozu ich noch tauge«, sagte sie lächelnd und unverkennbar zu sich selbst. Sie setzte sich. Wir standen. Und ihre entwöhnten Hände . . . Doch will ich keine Einzelheiten nennen, es ist unser Geheimnis zu zweit.

Es war ihr letztes Spiel. Ihre letzten Worte, in jenem jasminüberschatteten Holzbau aus frischem Tannengebälk, waren diese: »Leid tut es mir bloß um die Musik und um die Sonne.«

Nach dem Tod der Mutter gab ich das Klavierspiel auf. Ich hörte nicht sofort auf, sondern ließ es allmählich bleiben. Die Lehrerinnen kamen zwar noch, doch waren die Stücke, die ich zu Mutters Lebzeiten gespielt hatte, meine letzten. Weiter kam ich nicht. Zu ihren Lebzeiten mühte ich mich, aus Furcht und um ihr Freude zu bereiten. Erfreuen konnte ich mit meinem Spiel nun niemanden mehr – es war allen gleichgültig, genauer: nur sie allein hätte an meiner Nachlässigkeit gelitten. Und die Furcht, verschwand sie vielleicht darum, weil ich mir sagte, daß sie mich von dort besser sieht und mir das meine, mich, so wie ich bin, verzeiht?

Meine Lehrerinnen in den verschiedenen Schulen, die zuerst voller Bewunderung gewesen waren, hörten bald auf zu staunen und staunten schließlich auf andere Weise. Ich aber liquidierte die Musik, schweigend und hartnäckig. Das Meer läßt, bei Ebbe, Lachen zurück, zuerst tiefe, dann seichte, dann nur noch leicht feuchte. Solche musikalischen

Lachen – Spuren mütterlicher Meere – sind in mir zurückgeblieben für immer.
Hätte die Mutter länger gelebt, so hätte ich wahrscheinlich das Konservatorium beendet und wäre eine ordentliche Pianistin geworden – denn das Zeug dazu besaß ich. Doch gab es das Andere, das *Aufgetragene*, das mit der Musik nicht zu vergleichen war und diese auf jenen Platz verwies, den sie in mir innehatte: den der normalen Musikalität und »nicht alltäglicher« (so spärlicher!) Talente.
Es gibt Kräfte, die selbst eine solche Mutter in einem solchen Kind nicht bezwingen kann.

1935

Der Teufel

Der Teufel schloß Freundschaft
mit dem Kind

Der Teufel lebte im Zimmer der Schwester Walerija – oben, gleich neben der Treppe – in einem roten Raum voller Seide, Damast und Moiré, mit einer beständigen und kräftigen schrägen Säule von Sonnenlicht, in der der Staub unentwegt und fast unmerklich kreiste.

Es begann damit, daß man mich herbeilockte: »Komm, Mussja, jemand wartet auf dich«, oder: »Schnell, schnell Mussenka! Dort erwartet dich (langgezogen) eine Überraschung.« Die Geheimniskrämerei war ein bloßes Spiel, denn ich wußte ganz genau, was für ein »Jemand« und was für eine Überraschung mich erwarteten, und diejenigen, die mich riefen, wußten, daß ich es weiß. Es waren dies entweder Augusta Iwanowna oder Assjas Kinderfrau, Alexandra Muchina, manchmal auch irgendein weiblicher Gast, nur die Mutter und Walerija selbst waren es nie.

Und so kam es, daß ich – halb gestoßen, halb vom Zimmer hineingezogen –, vor der Türe zögernd wie ein Dörfler vor dem Festessen, leicht schief, leicht wölfisch – eintrat.

Der Teufel saß auf Walerijas Bett – nackt und grauhäutig wie eine Dogge, mit weißblauen Augen, wie sie Doggen und baltische Barone haben, die Hände bis unters Knie ausgestreckt, wie man es auf Fotografien von Rjasaner Weibern oder bei den Pharaonen im Louvre sehen kann, in der nämlichen Pose, die eine unerschütterliche Geduld und Gleichgültigkeit verriet. Der Teufel saß so ruhig, als würde er fotografiert. Ein Fell hatte er nicht, er hatte das Gegenteil von einem Fell: eine vollkommen glatte, unbehaarte Haut,

als wäre er aus Stahl gegossen. Jetzt sehe ich, daß der Körper meines Teufels in idealer Weise sportlich war: der Körper einer Löwin, in der Farbe einer Dogge. Als man mir zwanzig Jahre später, zur Zeit der Revolution, eine Dogge in Obhut gab, erkannte ich sogleich meinen Muskelprotz.
An Hörner kann ich mich nicht erinnern, vielleicht hatte er welche, ganz kleine, doch waren es eher Ohren. Was er hatte – das war ein Schwanz, wie von einer Löwin, groß, nackt, stark und lebendig wie eine Schlange, mehrfach und graziös um die statuenhaft-unbeweglichen Beine geschlungen, dergestalt, daß zwischen der letzten »Schlinge« die Quaste hervorschaute. Füße (Fußsohlen) hatte er keine, auch keine Hufe: die athletischen Menschenbeine ruhten auf Pfoten, die wiederum denen einer Löwin oder einer Dogge glichen, mit kräftigen Nägeln aus grauem Horn. Wenn er eintrat, klopfte er. Doch in meiner Gegenwart kam er nie. Seine wichtigsten Kennzeichen waren indes nicht die Pfoten, der Schwanz oder sonstige Attribute, das Wichtigste an ihm waren – die Augen: farblos, gleichgültig und unerbittlich. Ich lernte ihn zuerst und vor allem durch die Augen kennen, und diese Augen würde ich unter sämtlichen Augen wiedererkennen.
Im Zimmer passierte nichts. Er saß, ich stand. Und ich – liebte ihn.
Sommers, wenn wir aufs Land zogen, fuhr der Teufel mit, genauer, er hockte – mit der Unversehrtheit eines verpflanzten Bäumchens, samt seinen Wurzeln und Früchten – auf Walerijas Bett, in ihrem engen Tarusser Zimmer, dessen Ofenrohr zum Jasmin hinausstrebte, ein Zimmer mit dem vertikalen Rohr eines mächtigen gußeisernen Ofens, der im Juli absurd wirkte. Saß der Teufel auf Walerijas Bett, glaubte man, da stünde ein zweiter gußeiserner Ofen, saß er

nicht darauf, nahm der Ofen in der Ecke sein Aussehen an. Gemeinsam war ihnen: die Farbe – mit dem graublauen Schimmer des Sommers auf dem Gußeisen, die eisige Kälte eines Ofens im Sommer, die Höhe bis zur Zimmerdecke und die vollkommene Unbeweglichkeit. Der Ofen stand so ruhig da, als gäbe es ihn nicht. Sein kalter Körper ersetzte *ihn*, und ich lehnte – mit der besonderen Freude heimlichen Erkennens – meinen unbehaarten, sommerheißen Nacken an ihn, während ich Walerija aus den Toten Seelen vorlas, die die Mutter mir verboten, Walerija aber erlaubt, ja in die Hände gedrückt hatte; bis zu den Toten und zu den Seelen kam ich allerdings nie, da gerade in dem Augenblick, als sie – die Toten und die Seelen – auftauchen sollten, wie zum Trotz Mutters Schritte ertönten (sie trat übrigens nie ein, sondern ging nur – im richtigen Moment, als verfügte sie über eine innere Uhr – vorbei) und ich, von einer andern, *lebendigen* Furcht erfaßt, das riesige Buch unters Bett (dasselbe!) schleuderte. Das nächste Mal aber, als ich die Stelle suchte, von der mich Mutters Schritte verscheucht hatten, zeigte sich, daß *sie* bereits weg, bereits weitergefahren waren – irgendwohin, dorthin, wo man mich erneut verscheuchen würde. So bin ich nie bis zu den *toten Seelen* vorgestoßen, weder damals noch später, weil die moralische Unheimlichkeit (und physische Gemütlichkeit) der Gogolschen Helden nie mit der schlichten Unheimlichkeit des Titels zur Deckung kam: sie befriedigte nicht die Leidenschaft nach dem Unheimlichen, die der unheimliche Titel in mir geweckt hatte.

... Losgerissen vom Buch, schmiegte ich mich an den Ofen, mit roter Wange an das blaue Gußeisen, mit heißer Wange – ans Eiskalte. Nur in Gestalt des Ofens schmiegte ich mich an ihn, an ihn als solchen – nie. Oder doch, als er mich in seinen Armen durch den Fluß trug.

Ich bade nachts in der Oka. Ich bade nicht, ich bin allein, mitten in der Oka, die nicht schwarz ist, sondern grau. Und komme nicht einmal dazu allein zu sein, weil ich sofort untergehe. Bereits untergegangen bin. Doch beginnen wir von vorn: Ich gehe mitten in der Oka unter. Und als ich bereits untergegangen und scheinbar gestorben bin – ein Aufschwung (den ich vom ersten Augenblick an erfasse!), und ich bin in jemandes Armen, hoch über der Oka, den Kopf unterm Himmel, und mich tragen die »Ertrunkenen«, genauer – einer, der natürlich nicht ertrunken ist (ertrunken bin ich!), und er trägt mich, weil ich ihn so wahnsinnig liebe und überhaupt nicht fürchte, und nicht blau ist er, sondern grau, und ich schmiege mich an ihn mit meinem nassen Gesicht und Kleid, umklammere seinen Hals – wie es einem Ertrinkenden zusteht. Wir schreiten zusammen durchs Wasser, d. h., er – schreitet, ich – fahre. Die andern aber (»die Ertrunkenen« – oder wer sonst? Seine Untertanen) heulen irgendwo aus der Tiefe, freudig und laut! Und als er das andere Ufer betritt – jenes, wo sich das Haus Poljonows und das Dorf Bjochowo befinden – und mich mit großem Schwung auf den Boden setzt, sagt er unter Donnergelächter, das krachender ist als jeder Donner: »Eines Tages werden wir heiraten, hol's der Teufel!«

O, wie mir das damals, in der Kindheit, gefallen hat, dieses »Hol's der Teufel« aus seinem Mund! Wie diese Verwegenheit mich in den Eingeweiden brannte! Er trug mich durchs Wasser und sagte dann wie ein gewöhnlicher Bauer oder Student: »Hol's der Teufel!«, als ob es etwas zu fürchten oder zu wünschen gäbe, als ob der Teufel ihn, oder mich in seinen Armen, holen könnte! Und nie betrübte mich der

Gedanke, daß er dies meinetwegen, aus Rücksicht auf mein junges Alter, gesagt haben könnte, als Pünktchen auf das i seiner eigenen identité, damit ich mich nicht täuschte, daß er es war. Nein, er spielte schlicht und einfach einen einfachen Sterblichen, nach der Devise: »Ich bin nicht ich und das Pferd ist nicht mein.«

Ich muß gestehen, daß nach dem – aus seinem Munde überwältigenden – »Hol's der Teufel« das Versprechen »Eines Tages werden wir heiraten« etwas in den Hintergrund trat; doch als ich mich an diesem Ausruf und dem vielfachen Widerhall, den er in mir hervorrief, ergötzt hatte und selber etwas zurückzog – o, die Unerträglichkeit dieses Triumphs! –, sagte er von sich aus, ohne mein Bitten ... er werde mich – heiraten! Mich, ein völlig durchnäßtes, kleines Ding ...

Eines Tages, als ich meinen einsamen Triumph nicht mehr aushielt – das Gewissen plagte mich, aber ich konnte den Strom nicht mehr eindämmen – sagte ich: »Mama! Ich hab heute von Ertrunkenen geträumt ... Mir war, als nähmen sie mich in ihre Arme und trügen mich über den Fluß, der Anführer der Ertrunkenen aber sagte zu mir: ›Eines Tages werden wir heiraten, hol's der Teufel!‹«

»Gratuliere!« sagte die Mutter. »Hab ich's dir nicht immer prophezeit? Die braven Kinder werden von den Engeln übern Abgrund geführt, solche wie du aber ...«

Aus Angst, sie könnte alles erraten und den Betreffenden gleich beim Namen nennen und dadurch alles für immer unterbinden, fügte ich eilig hinzu: »Aber das waren wirklich Ertrunkene, ganz blau sahen sie aus ...

Und am aufgedunsenen Körper
saugten sich schwarze Krebse fest!«

»Und findest du, das sei *besser*?« sagte die Mutter ironisch. »Wie ekelhaft!«

Doch hatte ich mit ihm außer den erwähnten Begegnungen, die sich in ihrer Art wiederholten, auch eine, die einmalig und unwiederholbar war. Man lockt mich, wie immer, in Walerijas Zimmer am Trjochprudnyj, doch nicht eine allein tut's, sondern viele – ein ganzer Kreis flüstert und zeigt mit dem Finger: die Kinderfrau, und Augusta Iwanowna, und die mit dem ersten Frühlingsgras auftauchende Nähkoffer-Marja, und die andere Marja Wassiljewna mit dem Fischgesicht und dem seltsamen Familiennamen Sumbul, und sogar jene Schneiderin, die – und bei der es – nach Rhizinusöl (nach rotem Kattun) riecht, sie alle rufen im Chor: »Schnell, Mussenka, schnell, dort erwartet dich jemand . . .«
Und wie immer sträube ich mich ein wenig und lächle ein wenig – zögere. Schließlich trete ich ein. Ach, du lieber Schreck! Alles leer. Auf dem Bett – niemand. Er sitzt nicht auf dem Diwan. Da ist nur das rote Zimmer, voller Sonne und Staub. Einsam wie ich. Ohne ihn.
Bestürzt blicke ich vom leeren Bett zum Wandschirm mit dem Feuervogel (da ist er kaum, er wird doch wohl nicht Verstecken spielen!), vom Wandschirm zum Büchergestell – wo man statt Bücher seltsamerweise sich selber sieht –, und sogar zum kleinen Schrank mit den »Nipp-Nichtig-Sachen« (wie die Kinderfrau zu sagen pflegt), von den »Nipp-Nichtig-Sachen« zum offensichtlich leeren roten Diwan, dessen Knöpfe in der marmeladen- und malvenfarbenen Materie der Seide stecken, von der Seide zum weißen Ofen mit den blauen Kacheln, gekrönt von uralischem Kristall und Reihergras . . . Immer noch wie erstarrt trete ich ans Fenster, durch welches *jene* Bäume zu sehen sind: die

grauen Weiden rund um die grüne Kirche, die grauen Weiden meiner Sehnsucht, deren Standort in Moskau – auf Erden – ich nie in Erfahrung bringen konnte und wollte. Mit dem quälenden Gefühl: er hat mich betro-gen! stehe ich da, die Stirn ans erste niedrige Fensterquadrat gepreßt, meine Augen brennen von den zurückgehaltenen Tränen, und als ich sie endlich niederschlage, um den Tränen endlich freien Lauf zu lassen . . . – erblicke ich auf dem Wattegrund des Fensters, zwischen den beiden Rahmen, in einem grünlichen, anscheinend mit Alkohol gefüllten Glas – einen ganzen Schwarm von winzigen grauen hüpfenden schrecklich-fröhlichen Teufelchen mit Hörnchen und Bockfüßchen, die das ganze Fenster in eine »Teufelsflasche« verwandeln, wie man sie auf dem Osterjahrmarkt erstehen kann. Nachdem ich, wie beim Anblick eines allzu kindlichen Spielzeugs, höflich gelächelt und eine Zeitlang davor verweilt habe, um niemanden zu beleidigen – nicht sie, die da sinnlos herumhüpfen und mich überhaupt nicht kennen, sondern ihn –, gehe ich, ein bißchen getröstet, ein bißchen beleidigt, und ein letztes Mal das gähnend leere Bett betrachtend – hinaus.

»Nun? Wie war's?« fragen grimassierend und gestikulierend die Kinderfrau, Augusta Iwanowna, die beiden Marja Wassiljewnas, die Schneiderin Marja Ignatjewna und drei nach Naphthalin riechende Nonnen, die mich, wenn Zeit und Ort es erlauben, wild kitzeln und in Walerijas rote Truhe hinter der Trennwand stecken. »Ganz angenehm. Danke. Sehr schön«, sage ich, während ich absichtlich langsam und gewollt ungezwungen zwischen ihren ausgestreckten Händen, die mich nicht anzufassen wagen, hindurchgehe. (Ich gehe da hindurch, ohne ihnen ins Gesicht zu schauen, sehe aber, daß Augusta Iwanowna sich kaum

mehr ähnelt und die Kinderfrau aus irgendeinem Grund die Zunge aus dem Mundwinkel hängen läßt ...)
Die Teufelchen im Fenster und der Teufelsspuk an der Tür wiederholten sich nicht. Was war das wohl gewesen? Ein schlichter Ersatz dafür, daß er nicht selber kommen konnte, oder aber eine Herausforderung, eine Prüfung für meine Reife und Treue: ob ich, die Fünfjährige, den Echten und Einzigen gegen jene Vielzahl von Osterteufelchen eintausche? Anders: Ob ich, mit dem Rücken zum leeren Bett, nicht einfach zu spielen anfange?
Nein, mit dem Spielen war's vorbei! Der Teufel meiner Kindheit hat mir, neben vielem andern, dieses Erbe hinterlassen: ein langgedehntes, dem Gähnen einer Dogge ähnelndes »f-a-a-d!«, wann immer es ums Spielen ging.
Weshalb lebte der Teufel im Zimmer Walerijas? Damals machte ich mir darüber keine Gedanken (und Walerija selbst fand es nie heraus). Es erschien mir ebenso natürlich wie der Umstand, daß ich im Kinderzimmer lebte. Papa lebt in seinem Kabinett, die Großmutter auf dem Porträt, Mama auf dem Klavierstuhl, Walerija im Jekaterinskij-Institut, und der Teufel – in Walerijas Zimmer. Damals war das für mich eine Tatsache.
Jetzt aber weiß ich: Der Teufel lebte in Walerijas Zimmer, weil in Walerijas Zimmer, das sich in einen Bücherschrank verwandelt hatte, der Baum der Erkenntnis von Gut und Böse stand. Seine Früchte – »Die Mädchen« von Luchmanowa, »Rund um die Welt auf dem ›Korschun‹« von Stanjukowitsch, »Katakomben« und »Die Familie Bor-Ramenskij« von Jewgenija Tur sowie sämtliche Jahrgänge der Zeitschrift »Quelle« – verschlang ich gierig und schnell, schuldbewußt und hartnäckig, wobei ich zur Tür blickte wie *Jene* hinauf zu Gott, doch ohne meine Schlange je zu

verraten. (»Hat dir das Ljora gegeben?« – »Nein, ich hab's mir selber genommen.«) Der Teufel also kam in Walerijas Zimmer, weil es für ihn vorbereitet war als Ort, wo ich das mütterliche Verbot übertrat.

Aber hier gab es auch anderes. In Walerijas Zimmer las ich, noch nicht sieben Jahre alt, heimlich, hektisch, stets ängstlich auf Mutters Erscheinen achtend und lauschend, »Eugen Onegin«, »Maseppa«, »Rusalka«, »Das Adelsfräulein als Bäuerin«, »Die Zigeuner« sowie den ersten Roman meines Lebens – »Anaïs«. In ihrem Zimmer *war* Liebe, lebte die Liebe, und nicht nur die Liebe, die sie selber gab oder die ihr, der Siebzehnjährigen, zuteil wurde; alles zeugte von Liebe – all die Alben, Aufzeichnungen, Patschulis, spiritistischen Séancen, unsichtbar schreibenden Tinten, Repetitoren, Proben, Maskeraden (Marquisen) und Wimpern-Ölungen – doch halt: aus dem tiefen Schacht der Kommode, aus dem Gewühl von Samtbändern, Korallen, herausgekämmten Haaren, Papierblumen, blicken – wie lebendig! – silberne Pillen mich an.

Bonbons – aber schreckliche, Pillen – aber silberne, silberne eßbare Glasperlen, die Walerija – die Stirn in der Kommode, den Rücken als Schutz – aus irgendeinem Grunde ebenso heimlich verschlang wie ich – die Stirn am Bücherschrank – die »Perlen der russischen Poesie«. Einmal kam mir die Erleuchtung, die Pillen seien gewiß giftig und sie wolle sterben. Natürlich aus Liebe. Vielleicht weil sie nicht Boris-Iwanytsch heiraten darf oder Aljsan-Palytsch. Oder Stratonow. Oder Ajnalow. Weil man sie mit Michail-Iwanytsch Pokrowskij verheiraten will!

»Ljora, darf ich eine solche Pille essen?« – »Nein.« – »Weshalb?« – »Weil du das nicht brauchst.« – »Und wenn ich es trotzdem tue, werd ich dann sterben?« – »Erkranken, ganz bestimmt.« Später (gleichsam zur Beruhigung des Lesers) stellte sich heraus, daß die Pillen völlig harmlos waren, »contre les troubles« usw., kommune Pillen, wie junge Fräulein sie lieben, dennoch vermochte ihre Normalität nicht, in mir das merkwürdige Bild eines gelbgesichtigen Mädchens zu verscheuchen, das sich heimlich mit dem süßen giftigen Silber aus der Kommode vollgegessen hat.

In diesem Zimmer herrschte jedoch nicht nur ihr siebzehnjähriges Geschlecht, sondern die ganze Liebeskraft ihrer Rasse, der Rasse ihrer wunderschönen Mutter, die die Liebe nie ausgekostet, vielmehr zwischen diesen Seiden- und Moiréstoffen vergraben hat – Stoffen, für immer duftgeschwängert und nicht umsonst so leuchtend himbeerrot.

Besuchte der Teufel denn auch Walerija selbst? Sowenig sie wußte, daß er zu mir kam, sowenig konnte ich wissen, ob er zu ihr ging. (Blasses, brünettes Gesicht, riesige schlangen- und juwelenhafte Augen, umgeben von einem Kranz tiefschwarzer Wimpern, kleiner dunkler zusammengepreßter Mund, markante, zum Kinn strebende Nase – diesem Gesicht fehlten Herkunft und Alter. Schönheit und Nicht-Schönheit. Es war das Gesicht einer – Hexe.) Ich würde dennoch sagen – nein. Denn nach dem Jekaterinskij-Institut besuchte sie die Frauenkurse Gueriers, trat anschließend in die sozialdemokratische Partei ein, ging dann als Lehrerin ans Koslowskij-Gymnasium, dann in ein Tanzstudio – überhaupt verbrachte sie ihr Leben damit, sich in Verbindung und in Szene zu setzen. Das wichtigste Kennzeichen *seiner* Lieblinge jedoch ist – das vollkommene Losgelöstsein, das genuine, umfassende Ausgeschlossensein.

Nein, der Teufel kannte keine Walerija. Doch er kannte

auch meine Mutter nicht, die so einsam war. Er wußte nicht einmal, daß ich eine Mutter hatte. Wenn ich mit ihm war, war ich – *sein* Mädchen, sein teuflisches Waisenkind. Der Teufel fand in mir, in diesem Zimmer seinen idealen Wirkungsort. Ihm gefiel dieses Zimmer, dieses heimliche rote Zimmer – und dieses heimliche rote Mädchen in Liebesstarre auf der Schwelle.
Eine meiner Begegnungen mit ihm jedoch kam, so seltsam dies scheinen mag, durch die Mutter zustande, durch . . .

»Roter Karfunkel«

rief die Mutter aus. »Was ist ein ›roter Karfunkel‹? Sag du mal, Andrjuscha.« – »Ich weiß nicht«, gab dieser entschieden zurück. »Aber wie kommt es, daß dir nichts einfällt! Es fällt einem immer etwas ein! Auch dir muß etwas einfallen! Kar-fun-kel. Nun?« – »Karbolsäure?« schlug Andrjuscha gleichgültig vor. Die Mutter winkte ab. »Und du, Assenka? Hör aufmerksam zu: Kar-fun-kel. Kommt dir da nichts in den Sinn?« – »O doch!« sprudelte ihr Liebling – mit der Zunge leicht anstoßend, doch mit großer Selbstsicherheit – hervor. – »Ja – was denn?« fragte die Mutter leidenschaftlich-begierig. »Ich weiß nur nicht – was!« sagte Assja mit derselben Schnelligkeit und Selbstsicherheit. – »Ach, Assenka, du bist wohl wirklich zu klein für eine solche Lektüre. Großvater hat mir das vorgelesen, als ich sieben war, du aber bist erst fünf.« – »Mama, ich aber bin schon sieben!« Ich hielt es nicht länger aus. – »Nun, was ist's?« Doch es folgte nichs, weil ich den Mut schon wieder verloren hatte. – »Was ist denn, deiner Ansicht nach, ein Karfunkel? Ein roter Karfunkel?« – »Vielleicht eine rote Karaffe?« brachte ich mit matter Stimme und zitternd vor Hoffnung hervor. (Karaffe, funkeln.) – »Nein, aber es ist schon näher. Ein

Karfunkel ist ein roter Edelstein, der auf allen Seiten geschliffen ist (Kar-fun-kel). Habt ihr verstanden?«
Es ging alles gut bis zum Grünen. Jemand kommt – in einen Keller, in eine Höhle –, der Grüne aber sitzt schon da und mischt die Karten. »Wer ist das, der Grüne?« fragte die Mutter. »Wer trägt immer grün, ein Jägerkostüm?« – »Der Jäger«, sagte gleichgültig Andrjuscha. – »Was für ein Jäger?« fragte die Mutter, um ihm auf die Spur zu helfen.

»Fuchs du hast die Gans gestohlen,
Gib sie wieder her!
Gib sie wieder her!
Sonst wird dich der Jäger holen
Mit dem Schiessgewehr,
Sonst wird dich der Jäger holen
Mit dem Schiess-ge-we-ehr!«

sang Andrjuscha mit größter Bereitwilligkeit. – »Hm . . .«, meinte die Mutter, wobei sie mich absichtlich überging (es drängte mich *ohnehin schon* weg, so wie das Wort von den Lippen). »Und du, Assja?« – »Es ist der Jäger, der Gänse, Füchse und Hasen stiehlt«, resümierte rasch ihr Liebling, der sich die ganze Kindheit über von Plagiaten ernährte. – »Das heißt, ihr wißt es *nicht*? Wozu lese ich euch dann vor??« – »Mama!« rief ich verzweifelt, als ich sah, daß sie das Buch mit dem allerunbeugsamsten Gesicht zusammenklappen wollte. »Ich weiß es!« – »Wer denn?« fragte die Mutter fast teilnahmslos, wobei sie die rechte Hand zwischen die Buchseiten legte. – »Der Grüne, das ist – der Teufel!«
»Ha-ha-ha!« lachte Andrjuscha, der sich plötzlich aufgerichtet hatte und mit einem Mal wie fehl am Platz war. – »Hi-hi-hi!« kicherte Assja schmeichlerisch mit. – »Da gibt's nichts zu lachen, sie hat recht«, stellte Mutter trocken fest.

»Doch weshalb ist's DER TEUFEL und nicht ... Und weshalb weißt immer *du* alles, wo ich doch *allen* vorlese?!«

Dank dem Grünen und seinem »Mischen«, teilweise auch dank Mutters Stubenmädchen Mascha Krasnowa, der alles aus den Händen fiel – Tabletts, Geschirr, Karaffen, ja ganze Zander in Sauce! –, die nichts in den Händen halten konnte außer Karten, begeisterte ich mich mit etwa sieben für Karten – bis zur Leidenschaft. Nicht für das Kartenspiel, sondern für die Karten selbst: für all diese beinlosen und doppelköpfigen, beinlosen und einarmigen, doch verkehrt-köpfigen und verkehrt-armigen, verkehrt zu sich selbst stehenden, sich selbst abgewandten, sich selbst zu Füßen liegenden und sich selbst unbekannten hochgestellten Persönlichkeiten ohne Wohnort, doch mit einer ganzen Gefolgschaft von einfarbigen Dreiern und Vierern. Wie konnte man sie nur für ein Spiel verwenden oder – wie Assja – mit ihnen spielen, wo sie doch selber Spiel waren, selber – spielten: miteinander und jede mit sich. Es war dies ein lebendiges, nichtmenschliches, hüftlanges Volk, schrecklich herrisch und nicht ganz gutmütig, kinderlos und ahnenlos, ein Volk, das nur auf dem Tisch oder hinter dem Schild der Hand lebte, doch dort (und deshalb) um so mächtiger! Daß ein Dutzend Eier – zwölf Stück sind, das lehrten mich die Jahre, doch daß zu jeder Kartenfarbe – dreizehn Karten gehören, daß die Dreizehn das Teufelsdutzend ist, das wußte ich auch im tiefsten Schlaf. O wie schnell sich mir, die ich die vier Grundregeln so langsam erlernte, die vier Farben einprägten! Wie sich mir, die ich bis zum heutigen Tag unsicher bin in bezug auf die Bedeutung des

Gerundiums, auf die Funktion der Grammatik überhaupt, die Bedeutung der einzelnen Karten sogleich eingeprägt hat: all diese Straßen, Gelder, Gerüchte, Nachrichten, Sorgen, Ehegeschichten und Ämter – die Bedeutung jeder einzelnen Karte sowie die Funktion der Karten schlechthin. – Mehr als alle andern, mehr noch als den unverheirateten Karokönig, der neun Jahre später mein Bräutigam werden würde, mehr noch als den Pikkönig, den furchterregenden, geheimnisvollen Erlkönig, wie ich ihn nannte, mehr noch als den Herzbuben der Gefühle und den Karobuben der Straßen und Nachrichten (die Damen mochte ich überhaupt nicht, sie hatten alle einen bösen, kalten Blick, mit dem sie mich verurteilten – wie die bekannten Damen meine Mutter), mehr als alle Könige und Buben liebte ich – das Pikas!

Das Pikas war nach Mascha ein Stich, und ein Stich war – der Stich des schwarzen, nach oben gerichteten Herzens der Hellebardenspitze – ins Herz. Das Pikas war – der Teufel! Und als dieselbe Mascha die Karten abhob, die sie für mich – die Karodame, weil unverheiratet – auf »Herz« gelegt hatte und die letzte, eine Herzkarte, aufdeckte, da erschrak sie selbst: »Oj-oj-oj, Mussenka, deine Sache steht schlecht, und ganz unten ist – ein Stich! Nun, macht nichts, vielleicht wird niemand sterben – wer sollte schon sterben? Großvater ist schon gestorben, Alte gibt's keine mehr, also wird Mama dich ausschelten oder du wirst dich wieder mit Gustywanna streiten.« Darauf ich, mit der ganzen Überlegenheit meines Wissens, mit der ganzen Unerschütterlichkeit meiner verborgenen Kenntnisse: »Das ist nicht ein Stich, sondern – ein Geheimnis.« Der Stich war – ein Gruß. Ein Grußstich für mich. Ein Freuden- und Angststich für mich: ein Liebesstich. So erging es mir einige Jahre später,

im genuesischen Nervi, als ich durch ein Fenster des Hotels »Beau-Rivage« zufällig den Revolutionär »Tiger« erblickte, wie er sich Assja und mir, die wir im Hotel eingesperrt waren, näherte und ich vor Freude so erschrak, daß die schweizerische Babuschka besorgt fragte: »Mais qu'as-tu donc? Tu es toute blanche! Mais qu'as-tu donc vu?« Und ich, ohne den Mund zu öffnen, antwortete: »Lui.«
Ja, das As, das war – Lui. Er, zur Schwärze verdichtet, zur Klinge verkürzt. Er, zum Stich bereit wie der Tiger – zum Sprung. Später wurde auch dies zuviel, später wurde der Stich vom Herzen, auf dem er lag, zum Stich – ins Herz. Aus meinem Innern zog er aus, mich zu allem aufstachelnd.

Doch hatte ich außer dem Pikas noch einen andern Kartenteufel, und zwar nicht von der russischen Mascha, sondern von der Dorpaterin Augusta Iwanowna, direkt aus seiner freiherrlichen Heimat, und diesmal handelte es sich nicht um Kartenlesen, sondern um ein Spiel, ein allgemeinbekanntes Kinderspiel mit dem vertraut klingenden Namen »DER SCHWARZE PETER«.
Das Spiel bestand darin, den Pikbuben, den Schwarzen Peter, einem andern anzuhängen, zu *übergeben*, so wie man früher dem Nachbarn das Fieber abtrat und heute den Schnupfen: indem man den andern beschenkt, wird man die Sache los. Am Anfang jeweils, wenn es noch viele Karten und Spieler gab, war es gar kein Spiel, beschränkte es sich doch auf die wechselseitige Manipulation des Kartenfächers – und Peters, doch wenn – durch Schicksal und Zufall – der Tisch sich der Spieler, die Spieler sich des Schwarzen Peters entledigten und nur noch zwei übrigblieben, dann begann das eigentliche Spiel, denn jetzt kam alles aufs Gesicht, auf den Grad seiner Unbeweglichkeit an. In erster

Linie ging es um die Beherrschung des Atems: darum, jede Entscheidung – und Neuentscheidung – der Hand des Partners, die nach einer Karte greift, sich plötzlich eines besseren besinnt, gerade einen Fehler begehen will und erneut innehält, reglos zu ertragen. Die Aufgabe des Nehmenden war es – *nicht* zu nehmen, die des Gebenden – wegzugeben. Die des Nehmenden – Gespür zu haben, die des Gebenden – sich zu entledigen, den andern von seinem richtigen Gespür abzubringen, ihm mit bewußter Verlogenheit weiszumachen, daß das Schwarze – rot ist und das Rote – schwarz: den Schwarzen Peter mit einer Unschuld in Händen zu halten, als wär's die Karosechs.
O welch ein wunderbares, magisches, körperloses Spiel: der Seele – mit der Seele, der Hand – mit der Hand, des Gesichts – mit dem Gesicht, alles, nur nicht der Karte – mit der Karte. Und natürlich war ich – von Kindheit an dazu erzogen, die glühenden Kohlen eines Geheimnisses zu schlucken – der eigentliche Meister in diesem Spiel.
Ich will nichts erzählen, was es nicht gegeben hat, denn der Sinn und Wert dieser Aufzeichnungen liegt in ihrer Übereinstimmung mit dem Gewesenen, in der Übereinstimmung jenes – ich gestehe – seltsamen, doch *gewesenen* Kindes – mit sich selbst. Es wäre für mich einfach zu sagen – und es wäre natürlich, mir zu glauben –, daß ich meinen Schwarzen Peter niemals dem Nachbarn heimlich zugesteckt, sondern im Gegenteil verteidigt habe. Doch nein! In diesem Spiel erwies ich mich als seine echte Tochter, das heißt, die Leidenschaft des Spiels, des Geheimnisses, war in mir stärker als die Leidenschaft der Liebe. Auch das gehörte zu unserm gemeinsamen Geheimnis, und womöglich hat er mich nie so sehr als sein Geschöpf empfunden wie damals, als ich ihn so listig und überlegen

weggab, mich seiner entledigte, einmal mehr unser gemeinsames Geheimnis verschwieg und – vielleicht das Wichtigste – einmal mehr zurechtkam, sogar ohne ihn. Um alles preiszugeben: Das SCHWARZER-PETER-SPIEL war wie die Begegnung mit einem heimlich und heiß Geliebten – unter Leuten: je kälter – desto wärmer, je weiter – desto näher, je fremder – desto *mehr mein*, je unerträglicher – desto beseligender.

Wenn nämlich Assja und Andrjuscha und Mascha und Augusta Iwanowna – für die solches zum Spiel gehörte – mich unter schrillem Geschrei in den Bauch stießen, grimassierend wie Teufel um mich herum spukten und brüllten: SCHWARZER PETER! SCHWARZER PETER!, war ich nicht einmal in der Lage, mich durch ein Lächeln zu revanchieren, während ich doch voll heimlicher Freude war. Das unterdrückte Gefühl der Freude sprang auf die Hände über. Ich kämpfte. Und nachdem ich fertiggekämpft hatte, schleuderte ich ihnen – aus der Höhe meiner ganzen Überzeugung, aus meiner ganzen Überfülle – diese Worte in ihr fröhliches Gesicht: »Ich bin der SCHWARZE PETER, ihr aber seid I-di-o-ten.«

Doch ebenso schwierig oder noch schwieriger, als angesichts des Schwarzen Peters nicht zu frohlocken, war es, sich nicht zu verdüstern, wenn in der Hand statt seiner, dessen man so sicher war, plötzlich eine Karosechs lag, nun schon die zweite in meinem Besitz, eine Karte, die mich aus dem Spiel entließ und einen andern zum Schwarzen Peter machte. Und um die »schwarz-peterne« Augusta Iwanowna herumzutanzen mit dem verbrecherischen, höhnischen, verräterischen Schrei: »SCHWARZER PETER! SCHWARZER PETER!« war womöglich eine noch größere Heldentat (Wonne), als dazustehen wie eine Steinsäule, die

in Furore gerät, inmitten besessen sich gebärdender »Sieger«.
Vielleicht habe ich dieses Spiel zu körperlos geschildert? Aber was gibt es da überhaupt zu schildern? Es gab ja keine Handlung, das Ganze spielte sich innen ab. Es gab lediglich Gesten, die Geste etwa, mit der eine Karte abgelegt wurde, die nur paarweise von Bedeutung war: durch die Tatsache, daß man sie ablegen konnte. Ein Kartenspiel ohne Trümpfe, ohne Einsätze, ohne Stiche, ohne (einen Wert an sich repräsentierende) Könige, Damen, Buben – ohne *Karten*, mit einem Spiel, das nur aus einer einzigen Karte bestand: aus *ihm*!, dessen man sich entledigen mußte. Ein Spiel, das nicht das Nehmen verlangte, sondern das Geben. Und das in seiner Körperlosigkeit und Schrecklichkeit wirklich etwas Höllisches, Hadeshaftes hatte. Das Fliehen der Hände vor dem *Feind*. So bürdet man in der Hölle, lachend und sich schüttelnd, dem andern die glühende Kohle auf.
Der Sinn dieses Spiels ist tief. Alle Karten sind – paarig, nur er allein ist – allein, weil sein Partner vor Spielbeginn abgelegt worden ist. Jede Karte muß ihren Partner finden und mit ihm abtreten, einfach von der Bühne verschwinden, wie eine Schöne oder eine Abenteurerin, die heiratet; verschwinden vom Tisch aller verbliebenen Möglichkeiten, vom Tisch des »Alles-ist-möglich«, vom Tisch einzelner und vielleicht gar historischer Schicksale, auf einen stillen, jetzt schon uninteressanten, nutzlosen und harmlosen Haufen ausgespielter paariger Karten. Und ihm – den ganzen Tisch überlassen, ihn selbst – seiner Einmaligkeit.

Eine weitere Spielart meines intimen Umgangs mit Peter war der Spruch »Teufel, Teufel, spiel und gib's her!«, ein

Spiel nur durch das Wort »Spiel!«, ein Spiel nur für ihn, mitnichten aber für den Bittsteller, dessen Lieblingsgegenstand – Papas Brille, Mutters Ring, mein Federmesser – er zum Spielen entwendet hat. »Das kann nur der Teufel versteckt haben! Mussenka, binde dein Taschentuch ans Tischbein und sag dreimal ganz ruhig, ganz sanft: ›Teufel, Teufel, spiel und gib's her . . .‹«
Die Enden des zusammengeknoteten Taschentuchs standen wie zwei Hörner ab, die kindliche Bittstellerin aber streifte traumwandlerisch durch das riesige, offensichtlich leere Zimmer, nichts suchend, voll vertrauend und nur leise vor sich hin murmelnd: »Teufel, Teufel, spiel und gib's her . . . Teufel, Teufel . . .« Und er gab es wirklich her, reichte es fast eigenhändig: vom sauberen Spiegeltischchen, wo soeben noch – und wie viele Male, hoffnungslos und unübersehbar – nichts gewesen war, oder man streckte zufällig die Hand in die Tasche – da war's! Ganz zu schweigen davon, daß er den abhanden gekommenen Gegenstand Papa auf die Nase setzte und Mama auf den Finger, den richtigen.
Doch weshalb gab der Teufel nichts zurück, was man auf der Straße verloren hatte? Weil es kein Tischbein gab, wo man etwas hätte anbinden können! Die Straßenlaterne, das ging nicht! Den andern war alles recht (Assja – ach du lieber Schreck! – band das Tuch in der Eile mal an den Ziegenfuß des Bidets!), ich aber hatte meinen Lieblingsort, meinen Lieblingssessel . . . Aber mit dem Sessel will ich lieber nicht anfangen, die Gegenstände unseres Trjochpruder Hauses würden mich viel zu weit führen!
Als die Pariserin Alfonsine Dijon bei uns einzog, wurde der Zauberspruch »Teufel, Teufel, spiel« um den höflichen katholischen Zusatz »Saint-Antoine de Padoue, trouvez-moi ce que j'ai perdu« erweitert, was im Zusammenhang

etwas Unschönes ergab, denn nach dem dritten Teufel folgte, ohne Komma, ohne Pause, wie angelötet: »Saint-Antoine de Padoue . . .« *Meine* Gegenstände fand natürlich der Teufel, nicht Antonius. (Die Kinderfrau, mißtrauisch: »Antonius? Ein Heiliger? Sie wäre ja keine Französin, wenn sie nicht einen Heiligen in eine solche Angelegenheit verwickeln würde!«) Und bis heute, Antonius von Padua, spreche ich deinen heiligen Namen nicht aus, ohne sogleich die Zipfel des Teufelstuches vor mir zu sehen und mein eigenes beruhigendes, beruhigtes Murmeln (als hätte ich bereits gefunden, was ich dereinst verlieren würde!) zu hören: »Teufel, Teufel, spiel und gib her, Teufel, Teufel . . .«
Nur eines hat mir der Teufel nie zurückgegeben – mich selbst.

Aber es geht nicht um Walerijas Ränke. Um Mutters »Karfunkel«. Um Maschas Kartenzauber. Um das baltendeutsche Spiel. Das alles diente nur zur Herstellung der Verbindung. Ich hatte eine eigene, direkte, genuine Beziehung zum Teufel, einen direkten Draht. Zu einem der ersten geheimen Schrecken und schrecklichen Geheimnisse meiner Kindheit (frühen Jugend) gehörte: »Gott – ist der Teufel!« Gott – mit dem lautlosen, blitzschnellen, unveränderlichen Zusatz – Teufel. Damit hatte Walerija nichts mehr zu tun. Und wer sonst? In welchen Büchern, auf welchen Karten hätte man darüber etwas erfahren sollen? Ich war's, in mir war's, ein Geschenk, das mir jemand in die Wiege gelegt hatte. »Gott – ist der Teufel, Gott – ist der Teufel, Gott – ist der Teufel«, wiederholte ich unzählige Male, ganz kalt vor Gotteslästerung und unfähig einzuhalten, solang nicht die Gedankenzunge einhielt. »Gebe Gott, daß ich

nicht bete: Gott – ist der Teufel«, und schon stürzte ich mich Hals über Kopf hinein: »Gott ist der Teufel! Gott ist der Teufel! Gott ist der Teufel!« und umgekehrt, im Stil von Hanons sechster Etüde: »Der Teufel ist Gott! Der Teufel ist Gott! Der Teufel ist Gott!«, auf und ab auf der eisigen Klaviatur meines Rückgrats, meiner Angst.
Zwischen Gott und dem Teufel gab es nicht die geringste Ritze für den eigenen Willen, nicht den geringsten Abstand, um das Bewußtsein – wie einen Finger – dazwischenzuschieben und diese furchterregende Verwachsung zu verhindern. Gott, dem der Teufel entsprang, der Teufel, der in »Gott« eindrang – das Schluß-»t« war bereits das Anfangs-»t«. (O wäre ich damals statt des gotteslästerlichen »Gott – Teufel« auf »Dogge – Teufel« verfallen, vor wie vielen unnützen Qualen wäre ich verschont geblieben!) O göttliche Strafe und Pein, ägyptische Finsternis!
Doch vielleicht ist alles einfacher, vielleicht ist die angeborene Leidenschaft des Dichters für Vergleiche, Gegenüberstellungen, ist seine Mentalität – jenes Spiel, das ich in meiner Kindheit so gerne spielte: Kauft nicht Schwarzes und Weißes, sagt nicht »ja« und »nein«, immer umgekehrt: ja ist nein, schwarz ist weiß, ich bin alle, Gott ist der Teufel. Als ich mit elf Jahren in Lausanne, bei meiner ersten und einzigen wirklichen Beichte, dem katholischen Priester (den ich weder damals noch später zu Gesicht bekam) davon erzählte, sagte er – beziehungsweise der Mann hinter dem schwarzen Gitter –, sagten jene schwarzen Augen hinter dem schwarzen Gitter: »Mais, petite Slave, c'est une des plus banales tentations du Démon!« – bloß vergaß er, daß für ihn, den Erfahrenen und Abgebrühten, »banale« war, was für mich – wie war?

Doch noch vor dieser ersten Beichte – in einer fremden Kirche, in einem fremden Land, in einer fremden Sprache – hatte es die erste orthodoxe gegeben, wie sich's gehört, mit sieben Jahren, in der Moskauer Universitätskirche, bei einem Bekannten meines Vaters, einem Priester und »Professor der Akademie«.

»Und diesen Rubel gibst du nach der Beichte dem Priester . . .« Ich hatte noch nie im Leben einen Rubel in der Hand gehabt, weder einen eigenen noch einen fremden, doch wenn man für ein bescheidenes kupfernes Einkopekenstück bei Buchtejew zwei Schwertlilien bekam, wieviel erst würde man für einen Silberrubel bekommen! Und nicht nur Schwertlilien, sondern Bücher, solche wie »Die Kinderfrau Aksjutka« oder »Der kleine Trommler« (2 Kopeken). Und all diese Schwertlilien und Aksjutkas würden nun für meine leidigen Sünden draufgehen – denn ich kann doch nicht einem guten Bekannten meines Vaters und einem mir offenkundig wohlgesinnten Aka-de-mi-ker erzählen, daß ich »Gott ist der Teufel« sage! Und daß ich in Walerijas Zimmer gehe, um eine kahle Dogge zu treffen! Und daß ich eines Tages diese kahle Dogge – Anführer der Ertrunkenen – heiraten werde! So muß ich denn wegen meiner Todesgefahr, meinem Tod vielleicht (»ein Mädchen verheimlichte beim Beichten eine Sünde und fiel, als es tags darauf zur Kommunion ging, tot um . . .«), alles aufeinmal hergeben, dem »Aka-de-mi-ker« in die Hand legen!

Der kühle, neue, runde Rubel, flach wie eine Null, schnitt mir mit seinem scharfen Rand wie mit Zacken in die (sicherheitshalber) zur Faust geballte Hand, und während der ganzen Beichte stand ich, ebenso fest wie auf den Beinen, auf dem Standpunkt: »Ich geb ihn nicht her!« Und gab ihn erst in allerletzter Minute, als ich schon am Gehen war, mit größter

Anstrengung und Überwindung, und nicht etwa weil ich sonst etwas Schlechtes getan hätte, sondern einzig aus Angst: und wenn Väterchen mich plötzlich durch die ganze Kirche verfolgt? Es versteht sich, daß mir – die ich so mit dem Rubel beschäftigt war – nicht einmal in den Sinn kam, den Priester über meine dunklen, düsteren Angelegenheiten aufzuklären. Der Priester fragte – und ich gab Antwort. Wie hätte er wissen sollen, daß er *diese Frage* hätte stellen müssen: »Sagst du nicht zufällig ›Gott ist der Teufel‹?«

Dies fragte er nicht, er fragte anderes. Seine erste Frage, die erste Frage meiner Beichte war: »Verwendest du Teufelsflüche?« Ich verstand nicht, und tief gekränkt in meiner Eigenliebe, der Eigenliebe eines bekanntermaßen intelligenten Mädchens, sagte ich ohne Hochmut: »Ja, immer.« – »Aber, aber, wie kannst du nur!« sagte der Priester, mitleidvoll den Kopf schüttelnd. »Dazu noch als Tochter solch guter, gottesfürchtiger Eltern. Das tun doch nur die Jungen – auf der Straße . . .«

Etwas beunruhigt über die unbekannte Sünde, die ich auf mich genommen hatte, teilweise auch aus Neugier, was ich denn da *ständig* tue, fragte ich einige Tage später die Mutter: »Mama, was heißt Teufelsfluch?« – »Teufels . . . was?« fragte die Mutter. – »Teufelsfluch.« – »Ich weiß nicht«, sagte die Mutter nachdenklich. »Vielleicht den Teufel anrufen? Wo hast du denn das wieder aufgeschnappt?« – »So fluchen die Jungen auf der Straße.«

Doch die Engel – die liebte ich: jenen blauen auf dem leuchtend goldenen, glühenden Papier, das geradezu zitterte vor verhaltenem Feuer. Glühend auch von meinen beständigen Tränen, die stets kochten und so selten überkochten, vielmehr in mich hinein flossen und einsam verdampften auf meinen ofenheißen Wangen. Und jenen erdbeerfarbenen, ebenfalls deutschen Engel auf dem kolorierten Bildchen, welches das Gedicht »DER ENGEL UND DER GROBIAN« zierte (ich erinnere mich an die Wendung »IM ROTEN ERDBEERGUSS«).

Ein Junge sammelte auf einer Waldwiese Erdbeeren. Plötzlich sieht er einen andern Jungen vor sich, groß und ganz in Weiß und mit langen Locken, wie Mädchen sie haben, und auf den Locken liegt ein goldener Reif. – »Grüß dich, Junge, gib mir auch ein paar Erdbeeren!« – »Fällt mir nicht ein!« sagte der Junge auf allen vieren und ohne seine Mütze abzunehmen (»RÜCKT AUCH SEIN KÄPPLEIN NIT«). »Sammle selber und mach daß du fortkommst, dies hier ist meine Wiese!« Und steckte seine Nase mitten ins Kraut. Da plötzlich – ein Rauschen. Der Wald, der rauscht nicht so. Er blickt auf: da schwebt der andre bereits *über* der Wiese . . . »Lieber Engel!« schreit der Wicht, das Käppchen vom Kopf reißend, »komm zurück! Komm zurück! Nimm alle meine Beeren!« Zu spät. Der Rand seines weißen Gewandes schwebt bereits über den Birken, so hoch, daß der längste Arm des höchsten Baums ihn nicht mehr berühren kann . . . Der »Vielfraß« verbirgt sein Gesicht in den unseligen Erdbeeren und weint, und mit ihm weine ich, selber ein »Erdbeer-Vielfraß« und Wicht.

Seither habe ich viele Waldwiesen mit Erdbeeren gesehen, doch keine einzige, wo ich nicht über der obligaten Birke den unwiederbringlichen Rand jenes Gewandes erblickt hätte; und ich habe viele Male Erdbeeren gegessen, doch keine einzige Beere ohne Herzklopfen in den Mund gesteckt. Selbst das Wort GROBIAN hat für mich immer etwas Engelhaftes behalten. Und weder Adam und Eva mit dem Apfel noch die Schlange haben mein Verhältnis zum Guten so nachhaltig geprägt wie diese beiden Jungen, der Kleinere und der Größere, der Schlimme und der Gute, der Erdbeeresser und der Wolkensteiger. Und wenn ich in der Folge all die GROBIANE – auf Wiesen und in Zimmern – zu Engeln, Dämonen, Himmelsbewohnern gemacht habe, so vielleicht aus der damals entstandenen Angst heraus, das Himmlische für irdisch zu halten.

An endlos roten, dann endlos schwarzen Abenden (wie spät wurden sie rot! wie früh schwarz!) pflegten Mutter und Walerija zweistimmig zu singen, im Sommer – an der Oka, im Herbst – auf der Landstraße, die zuerst zwischen Birken verlief, dann übers *offene Land*. Die beiden sich befehdenden Naturen vereinten sich nur im Gesang, das heißt nicht sie, sondern ihre Stimmen: Mutters verhaltener Alt, der sich scheute, groß zu sein, und Walerijas Sopran, der die eigenen Möglichkeiten fortwährend überschritt.

KEIN FEUER, KEINE KOHLE
KANN BRENNEN SO HEISS,
ALS WIE HEIMLICHE LIEBE,
VON DER NIEMAND WAS WEISS . . .

Diese Wörter: FEUER – KOHLE – HEISS – HEIMLICH entfachten in meiner Brust einen echten Brand, und es war mir, als ob ich sie nicht hörte, sondern schluckte, als ob ich glühende Kohlen schluckte.

KEINE ROSE, KEINE NELKE
KANN BLÜHEN SO SCHÖN,
ALS WENN ZWEI VERLIEBTE SEELEN
ZU EINANDER TUN STEHN.

Und schon behexten mich die VERLIEBTEN SEELEN! Es hätten auch HERZEN sein können! Dann wäre es wie bei allen gewesen. Aber nein, was man sich in der Kindheit aneignet, bleibt für immer haften: VERLIEBTE – bedeutet SEELEN. Und SEELEN, das ist SEE (die OSTSEE – ein Meer!) und SEHEN und SICH SEHNEN und auch SEHNEN. Sich mit all seinen Sehnen nach einem Meer sehnen, das man nie gesehen hat – das ist die Seele, die Liebe. Und keinerlei ROSEN und NELKEN können da helfen!

Wenn das Lied an dieser Stelle anlangte:

SETZE DU MIR EINEN SPIEGEL
INS HERZE HINEIN . . .

spürte ich physisch, wie Walerijas grüner venezianischer Spiegel mit seinem Kranz von Kristallzacken sich in meine Brust bohrte, Zacke um Zacke – SETZE HERZE –, und das bodenlose Mittelstück mich von Schulter bis Schulter ausfüllte – das Spiegeloval.

Wen hielt Mutter in *ihrem* Spiegel fest? Wen Walerija? (Im Sommer meines vierten Lebensjahres Ihn, für den sie zusammen vierhändig spielten, vierhändig stickten, für den und über den sie zweistimmig sangen . . .) Ob *ich's* weiß? Ich weiß es.

. . . DAMIT DU KÖNNTEST SEHEN.
WIE SO TREU ICH ES MEIN . . .

wiederholten die Sängerinnen zweimal, wobei sie die klärenden Worte in die Länge zogen. Mit fünf wußte ich noch nicht, was das Verb MEINEN bedeutet, ich wußte jedoch, was MEIN ist und auch wer mein ist, und auch Meyn – so hieß Großvater Alexander Danylitsch – war mir bekannt. Dadurch, daß er am Lied teilhatte, hatte er unweigerlich auch am Geheimnis teil: mir war plötzlich, als ob Großvater *ebenfalls* . . .

Mit dem Weggang von Augusta Iwanowna (die das Lied in unser Haus gebracht hatte), d. h. mit dem Ende meiner Kindheit, mit sieben, war auch das Leben des Teufels zu Ende. Sichtbarlich zu Ende, es endete – auf Walerijas Bett. Doch bin ich bis zu meinem Auszug aus dem Trjochpruder Haus, bis zu meiner Heirat, kein einziges Mal in Walerijas Zimmer gegangen, ohne einen raschen und wie der Lichtstrahl so schrägen Blick auf ihr Bett zu werfen: ob er vielleicht da ist?
(Das Haus ist längst abgerissen, dem Bett fehlen die Füße, er aber sitzt noch immer da!)

Aber da gibt es noch eine Begegnung, die sozusagen über den Rand der Kindheit gesprungen ist: schwer fiel es ihm, sich von einem solchen Mädchen zu trennen!
Ich war neun, hatte eine Lungenentzündung, und es war gerade Ostermarkt.
»Was soll ich dir vom Jahrmarkt mitbringen, Mussja?« fragte mich Mutter, bereits fertig angezogen und ungleich eingerahmt von Andrjuscha, der in seinem neuen Gymnasiastenmantel noch länger wirkte, und Assja, die in meinem letztjährigen Mantel – er reichte ihr bis zum Boden – noch kleiner schien. – »Einen Teufel in der Flasche!« schoß es plötzlich mit der Zielstrebigkeit des Flaschenteufels aus mir hervor. – »Einen Teufel?« wunderte sich die Mutter. »Nicht ein Buch? Es gibt nämlich Bücher, ganze Stände voll. Für zehn Kopeken kann man fünf Bücher kaufen, über die Belagerung von Sewastopol, zum Beispiel, oder über Peter den Großen. Überleg mal.« – »Nein, doch lieber . . . einen Teufel . . .«, sagte ich ganz leise; es fiel mir schwer, ich schämte mich. – »Dann eben einen Teufel.« – »Auch für mich einen Teufel!« fiel Assja, meine unentwegte Imitato-

rin, ein. – »Nein, du bekommst *keinen* Teufel!« widersetzte ich mich still und gestreng. – »Ma-a-ma! Sie sagt, daß ich *keinen* Teufel bekomme!« – »Natürlich nicht . . .«, sagte die Mutter. »Erstens war Mussja vor dir, und zweitens soll man nicht zweimal dasselbe kaufen, dazu noch einen solchen Unsinn! Kaputt geht's ohnehin.« – »Ich will aber kein Buch über Peter den Großen!« kreischte Assja. »Der geht auch kaputt!« – »Auch ich will keins, Mama«, erregte sich Andrjuscha. »Ich hab schon ein Buch über Peter den Großen und über alles . . .« – »Bitte kein Buch, Mama, gelt Mama?« biß sich Assja fest. – »Also gut, gut, gut: *kein* Buch. Kein Buch für Mussja, kein Buch für Assja, kein Buch für Andrjuscha. Ihr seid mir eine schöne Gesellschaft!« – »Und was bekomm ich dann, Mama? Was?« hämmerte Assja wie ein Specht drauflos, so daß ich Mutters Antwort gar nicht hören konnte. Aber mir war gleichgültig, was sie bekommen würde, *ich* bekam – *das*.

»Da hast du dein Teufelchen, Mussja. Nur laß uns zuerst die Kompresse wechseln.«

Eingebunden, daß ich kaum noch atmen kann – für die Liebe reicht der Atem jedoch allemal –, liege ich da, mit ihm auf der Brust. Er ist natürlich winzig, und ein bißchen lächerlich, und nicht grau, sondern schwarz, und *jenem andern* überhaupt nicht ähnlich, aber hat er nicht denselben Namen? (In Liebessachen – das habe ich später erprobt – zählen das *Bewußtsein* und der *Name*.) Mit meiner 39gradigen Hand drücke ich auf den runden Flaschenboden, und er springt! springt! – »Schlafen aber tu nicht mit ihm. Du schläfst ein und zerquetschst ihn. Wenn du den Schlaf kommen spürst, leg ihn beiseite, auf den Stuhl.«

»Wenn du den Schlaf kommen spürst« – das ist leicht gesagt, wo ich doch den ganzen Tag nichts anderes spüre, den ganzen Tag bloß schlafe, schlafe, heftig und unruhig träumend, laute und freudige Schreie ausstoßend: »Mama! Der König hat sich betrunken!« Es war der König über meinem Bett – »mit der dunklen Krone, dem dichten Bart« –, sogar einen Pokal hielt er in der Hand, er, den ich Erlkönig nannte, der in Wirklichkeit aber, wie ich später herausfand, der KÖNIG VON THULE war, GAR TREU BIS AN SEIN GRAB – DEM STERBEND SEINE BUHLE – EINEN GÜLDENEN BECHER GAB. Und dieser König nun mit seinem Pokal, der sich *immer* in seiner Hand, *nie* an seinem Mund befand, dieser König, der niemals trank, war plötzlich betrunken!

»Sogar deine Fieberträume sind seltsam!« bemerkte die Mutter. »Der König hat sich betrunken! Träumt so ein neunjähriges Mädchen? Betrinken sich Könige? Hat sich überhaupt schon mal jemand in deiner Gegenwart betrunken? Und was heißt – sich betrinken? Da sieht man, wozu es führt, wenn jemand heimlich im ›Kurier‹ Artikel über alle möglichen Festgelage und Abendgesellschaften liest!« Dabei vergaß sie, daß sie selber es gewesen war, die diesen hehren Zecher auf die Leinwand gebannt und zuvorderst in mein morgendliches Blickfeld und Bewußtsein gerückt hatte.

Eines Tages, als sie mich mit dem nämlichen Teufel in der schon kälter gewordenen Hand antraf, sagte die Mutter: »Warum fragst du mich nie, weshalb der Teufel – springt? Das ist doch interessant, nicht?« – »Ja-a-a-«, sagte ich unsicher und gedehnt. – »Das ist sogar *sehr* interessant«, versuchte die Mutter mir einzureden. »Du drückst unten auf das Röhrchen – und er springt. Weshalb springt er?« – »Ich weiß nicht.« – »Eben. In dir ist – das beobachte ich schon lange – kein Fünkchen Wißbegierde, dir ist es völlig gleichgültig, warum die Sonne aufgeht, der Mond abnimmt, der

Teufel, zum Beispiel, springt ... So ist es doch, oder?« – »Ja«, erwiderte ich leise. – »Du gibst also selber zu, daß es dir gleichgültig ist? Das darf aber nicht sein. Die Sonne geht auf, weil die Erde sich dreht, der Mond nimmt ab, weil und so weiter, der Teufel im Fläschchen aber springt, weil im Fläschchen Alkohol ist.« – »O Mama!« rief ich laut und freudig aus. »Teufel – Alk'hol, das reimt sich doch?!« – »Nein«, sagte die Mutter ganz betrübt, »reimen tut sich: Teufel – Häufel, Alkohol aber, wart mal, auf Alkohol gibt's offenbar keinen Reim ...« – »Und auf Flasche?« fragte ich mit der größten Wißbegierde. »Tasche, nicht? Und weiter – darf ich? Ich hab nämlich *noch mehr*: nasche, Mascha ...« – »Mascha geht nicht«, sagte die Mutter. »Mascha ist ein Eigenname ... Verstehst du also, warum der Teufel springt? In der Flasche ist Alkohol, wenn dieser von der Hand erwärmt wird, dehnt er sich aus.« – »Ja«, stimmte ich eilig zu. »Erwärmt sich – dehnt sich, das ist doch auch ein Reim?« – »Fast«, gab die Mutter zurück. »Aber sag mir jetzt, warum springt der Teufel?« – »Weil er sich ausdehnt.« – »Wie?« – »Das heißt umgekehrt, weil er sich erwärmt.« – »Wer erwärmt sich?« – »Der Teufel.« Und als sich das Gesicht der Mutter verdüstert: »Das heißt umgekehrt, der Alkohol.«

Am Abend, als Mutter mir Gutenacht sagte, stieß ich mit heimlichem Triumph hervor: »Mama! Auf Alkohol – Sprit – gibt's trotzdem einen Reim! Aber macht es nichts, wenn es deutsch ist?

Droben bringt man sie zu Grabe,
Die sich freuten in dem Thal.
Hirtenknabe, Hirtenknabe,
Dir auch singt man dort einmal.«

»Christus ist auferstanden, der Teufel aber auf und davon und zerplatzt!« sagte triumphierend Assjas Kinderfrau, Alexandra Muchina, als sie sich am Ostermorgen über mein Bett beugte. »Komm, gib die Glassplitter her!« – »Das stimmt nicht!« brüllte ich und preßte die kostbaren Reste in der Faust und schlug mit den Füßen an das straffgespannte Gewölbe der Decke. »Er ist überhaupt nicht deswegen zerplatzt, weil Christus auferstanden ist, sondern weil ich mich auf ihn gelegt habe . . . Ich hab ihn unabsichtlich im Schlaf erdrückt, wie jene damals im Urteil Salomos.« – »Gott hat dich dafür bestraft, daß du mit einem bösen Geist schläfst.« – »Du bist selber ein böser Geist!« schrie ich, wobei ich mit den Füßen endlich unter der Decke hervor ins Freie stieß und kräftig losstrampelte. »Dich, dich selber wird Gott strafen, daß du dich über das Unglück deiner Nächsten freust!« – »Was soll das schon für ein Unglück sein!« schnaubte die Kinderfrau verächtlich. »Wenn ein Teufel zerplatzt! Als dein leiblicher Onkel Fedja starb, hast du nicht geweint, jetzt aber heulst du wegen eines schäbigen Teufels, der Herr verzeihe dir!« – »Du lügst! Du lügst! Du lügst!« schrie ich. Ich stand schon, war hochgesprungen wie er. »Siehst du denn nicht, daß ich nicht weine! Gleich wirst du selber weinen, wenn ich dich . . . (und da ich außer dem Fiebermesser nichts fand) . . . wenn ich dich mit meinen Händen zerreiße, verfluchtes Teufelsweib!«

»Wa-a-as?« fragte Mutter, die eintrat. »Was geht hier vor? Was ist das für ein Spektakel?« – »Ach nichts, gnädige Frau«, sagte die Kinderfrau mit geheuchelter Demut, »Mussenka gebraucht am Tag der Heiligen Auferstehung Christi Teufelsflüche, ja-a-a . . .« – »Mama! Mein Teufel ist zerplatzt, sie aber sagt, das habe Gott getan!« – »Wie?« – »Gott habe mich dafür bestraft, daß ich den Teufel mehr geliebt habe als Onkel Fedja.« – »Welch ein Unsinn!« schwenkte die Mutter unerwartet um. »Wie kann man das vergleichen! Gehen Sie in die Küche, Njanja. Doch fluchen am ersten Ostertag und überhaupt . . . Heute ist Christus auferstanden!« – »Ja, und sie hat gesagt, deshalb sei er zerplatzt.« – »Unsinn!« meinte die Mutter schroff. »Ein reiner Zufall. Er ist zerplatzt, weil er zerplatzen mußte. Du bist auch gut, daß du dich mit einer Analphabetin einläßt. Dazu noch in der Vorbereitungsklasse fürs Staatliche Gymnasium . . . Doch das Wichtigste: du könntest dich verletzen. Wo ist er?« Schweigend, um nicht in Tränen auszubrechen, öffne ich die Hand. »Aber hier ist gar nichts«, sagt die Mutter, während sie aufmerksam meinen Handteller betrachtet. »Wo ist er selbst?« Und ich, in Tränen erstickend: »Ich weiß nicht. Ich hab ihn einfach nicht gefunden. Er ist *ganz* davon!«

Ja, mein Teufel ist zerplatzt, ohne einen Glassplitter, ohne ein Tröpfchen Geist zu hinterlassen.

»Siehst du«, sagte die Mutter beim Anblick meiner stillen Tränen, »man darf nie etwas liebgewinnen, was platzen kann. Die aber – die platzen alle! Erinnerst du dich an das Gebot: ›Du sollst dir kein Bildnis machen‹?«

»Mama«, sagte ich, indem ich die Tränen abschüttelte wie ein Hund das Wasser, »was reimt sich auf Bildnis? Hilde?«

1934

Die Kirillstöchter

Es gab sie nur in der Mehrzahl, denn nie waren sie allein, immer zu zweit, zu zweit auch, wenn sie ein Sieb voll Beeren brachten, die eine jünger, die andre älter, eine Wenig-Jüngre mit einer Wenig-Ältern, hatten sie doch alle ein gleichsam gemeinschaftliches Alter – das Alter der eigenen Anzahl –, zwischen dreißig und vierzig, und alle einunddasselbe Gesicht, braungebrannt, bernsteinfarben, und unter dem weißen Rand des Kopftuchs wie unter dem schwarzen der Brauen versengte einen einunddderselbe Blick, senkte sich ein einziges großes braunes Lid mit einem Fächer von Wimpern. Gemeinschaftlich war auch ihr Name, kein Name, sondern ein Vatersname: die Kirillstöchter, und unter uns: die Geißlerinnen.
Weshalb Kirillstöchter? Wo es einen Kirill nicht einmal unter den Verstorbenen gab! Wer also war dieser Kirill, etwa ihr leiblicher Vater? Doch weshalb sollte er so viele – dreißig? vierzig? mehr? – Töchter gehabt haben und keinen einzigen Sohn? Jener rothaarige Christus nämlich war sein Sohn nicht, da kein Bruder der Kirillstöchter. Heute würde ich sagen, daß es jenen vieltöchtrigen Kirill nur als Vatersnamen gegeben hat. Damals aber machte ich mir darüber ebensowenig Gedanken, wie ich darüber nachsann, weshalb das *Dampfschiff* »Katharina« hieß. Katharina – Punktum. Kirillstöchter – Punktum.
Den brutalen Klang von »Geißlerinnen« indes, der in überraschendem Widerspruch zu ihrer würdevollen und sittsamen Art stand, erklärte ich mir durch die Weiden, unter und hinter denen sie lebten, wie ein Schwarm weißhäuptiger Vögel, denn weiß waren ihre Kopftücher, zu Vögeln aber

wurden sie aufgrund der Redensart der Kinderfrau. Jedesmal wenn wir dort vorbeikamen, sagte sie: »Da ist ihr Geißlerinnennest«, ohne Vorwurf, bloß als obligatorischer Kommentar unterwegs zwischen Pessotschnoje, wo unsre Datscha stand, und Tarussa: »Eben sind wir an der Kapelle vorbei ... Jetzt sieht man den ausgehöhlten Baumstamm: der halbe Weg ... Und dort ist ihr ...«

Ihr Geißlerinnennest war eigentlich der Eingang zur Stadt Tarussa. Die letzte Senke (von wie vielen?); hier herrschte nach so viel Licht plötzlich vollkommene Finsternis (vollkommene, zugleich aber grüne Finsternis), herrschte nach all der Hitze Kühle, nach der Trockenheit Feuchtigkeit; man ging über einen gespaltenen Baumstamm, der tief in der Erde stak, als wüchse er aus ihr hervor, über einen kalten schwarzen lärmigen und eiligen Bach, und erblickte plötzlich hinter dem ersten Weidenzweig zur Linken, versteckt hinter Weiden und Holunderbüschen, »ihr Geißlerinnennest«. Ja ein Nest, nicht ein Haus, denn das Haus war hinter dem üppigen Strauchwerk völlig unsichtbar, und selbst wenn von Zeit zu Zeit die Gartenpforte aufging, konnte das Auge, von so viel Schönheit und Röte, von Johannisbeerrot überwältigt, das gräuliche Dach nicht wahrnehmen, nicht in sein Blickfeld bekommen, ebensowenig wie jenen Bereich, der über den eigenen Brauen liegt. Vom Haus der Kirillstöchter war nie die Rede, einzig von ihrem Garten. Der Garten verschlang das Haus. Hätte man mich damals gefragt, was die Kirillstöchter tun, ich hätte ohne nachzudenken geantwortet: »Sie streifen durch den Garten und essen Beeren.«

Doch nochmals zurück zum Eingang. Es war ein Eingang in ein anderes Reich, der Eingang selber war das andere Reich, welches sich über die ganze Straße erstreckte, wenn

man das eine Straße nennen kann, aber man kann es nicht, denn zur Linken gab es nur einen endlosen Flechtzaun, und zur Rechten bloß Kletten, Sand, die besagte »Katharina« . . . Kein Eingang war's, sondern ein Übergang: von uns (dem einsamen Haus in der einsamen Natur) zu jenem andern (den Menschen, der Post, dem Jahrmarkt, dem Hafen, dem Laden Natkins und schließlich der Hauptstraße) – ein Zwischenreich war's, eine Durchgangszone. Und plötzlich die Erleuchtung: weder Eingang noch Übergang – ein *Ausgang* war's! (Denn das erste Haus ist immer das letzte!) Ein Ausgang nicht nur aus der Stadt Tarussa, sondern aus allen Städten! Ein Weg hinaus aus allen Tarussas und Wänden und Fesseln, aus dem eigenen Namen, der eigenen Haut – der Ausweg schlechthin! Aus der Begrenztheit des Körpers in den freien Raum.
Von ganz Tarussa, genauer von allen Besuchen, d. h. Süßigkeiten, fremden Kindern . . . liebte ich am meisten diese Sekunde des Abstiegs, Eintritts und Hineintauchens in das grüne kühle Bachdunkel, das Passieren des endlosen grauen Flechtzauns aus Weiden- und Holundergezweig, hinter dem – in meiner Erinnerung – alle Beeren gleichzeitig reifen, Erdbeeren und Ebereschenbeeren, und wo immer Sommer ist, ein einziger Sommer voll Röte und Süße, nur eintreten müßte man (wir taten es nie!), und alles wäre zur Hand: Erdbeeren, Weichseln, Johannisbeeren, sogar Holunder!
An Äpfel kann ich mich nicht erinnern. Nur an die Beeren. Merkwürdig genug in einer Stadt wie Tarussa, wo in ertragreichen Jahren – und ertragreich waren alle! – die Äpfel in Wäschekörben zum Markt gebracht wurden und nicht einmal mehr die Säue sie fressen wollten. Die Kirillstöchter jedenfalls hatten keine Äpfel, darum kamen sie in unsern

»alten« Garten, den wir hatten verwildern und alt werden lassen, so daß auch die besten Sorten verdorben und kaum genießbar waren und nur als Dörrobst Verwendung fanden. Doch nicht *Jene* kamen um Äpfel, die Würdevollen mit den niedergeschlagenen Augen, sondern *diese* beiden, »ihre« Muttergottes und der hagere rothaarige Christus mit dem geteilten Bart und den wassertrunkenen Augen – wie ich heute sagen würde –, barfüßig und zerlumpt, ihr Christus also und ihre Muttergottes, die alt war und nicht mehr bernsteinfarben, vielmehr ledrig, wie gegerbt, und wenn auch nicht zerlumpt, so doch furchterregend. Die Einstellung unserer Eltern zu diesen Überfällen war fatalistisch: »Wieder kam Christus Äpfel holen . . .« oder: »Wieder gehen die Muttergottes und Christus *vorbei* . . .« Jene fragten nicht, *diese* verboten nicht. Die Muttergottes und Christus waren gleichsam eine Geißel des Hauses, ein von oben gesandtes Mißgeschick, ein Verhängnis, das mit dem Haus auf uns überging, denn die Kirillstöchter von Tarussa waren vor uns, waren vor allen andern dagewesen, vielleicht sogar vor den Tataren, deren (!) rostige Geschützkugeln wir im Bach entdeckt hatten. Ihr Tun war kein Überfall, sondern ein Sieg. Doch immer wenn wir Kinder sie dabei ertappten, zogen sich beide, und besonders Christus, zurück, sie versteckten sich oder machten sich an einem andern Apfelbaum zu schaffen, wo die Muttergottes eilig einen großen Jutesack füllte. In solchen Augenblicken sprachen sie miteinander kein Wort, und auch wir wären nie auf die Idee gekommen, uns laut bemerkbar zu machen; zwischen uns herrschte die schweigende Übereinkunft, daß sie – nichts tun und wir – nichts sehen, daß es entweder sie oder uns, oder vieleicht sogar uns alle, nicht gibt, daß dies alles harmlos ist . . .

»Papa! Wir haben Christus gesehen!« – »Ist er schon wieder da gewesen?« – »Ja.« – »Sei's drum, Christus mit ihm!« Nie erkundigten sich die Eltern nach den verschwundenen Äpfeln, wir aber sagten nichts. Manchmal trafen wir den rothaarigen Christus wenig später schlafend in einem Heuschober. Die alte Muttergottes saß neben ihm und vertrieb durch Fächeln die Mücken. Nachdem wir einander durch Augenzwinkern und Hochziehn der Brauen auf den »Fund« hingewiesen hatten, entfernten wir uns wortlos auf den Zehenspitzen und zogen uns in unsre »Höhle« zurück; da saßen wir dann und ließen die Beine baumeln, berührten mal den Schlafenden, mal die Fächelnde. Manchmal erzählte die Kinderfrau in unserer Gegenwart der Erzieherin, dieser Christus sei ein bitterer Säufer, man habe ihn schon wieder in der Gosse aufgelesen, doch da wir selber ständig in der Gosse saßen, berührte uns das nicht sonderlich, während das Wort *bitter* alles über den Säufer sagte und im Mund den Geschmack von echtem Wermut erzeugte (wir alle aßen unentwegt alles), so daß wir am liebsten einen Kübel Wasser ausgetrunken hätten.

Manchmal geschah es, daß Christus sang und die Muttergottes ihn begleitete, und es wunderte uns überhaupt nicht, daß ihre Stimme eher männlich, die seine aber weiblich und zart war, wunderte uns nicht, weil sich die Zwetajewschen Kinder ohnehin über nichts wunderten, sodann weil die Muttergottes dunkel und stark war, er aber hell und schwächlich, woraus folgte, daß jeder mit der Stimme sang, die seiner Gestalt und Gewalt entsprach – wie, beispielsweise, eine Mücke und eine Hummel. Und aus der grünen Apfelbaumwildnis drang ein Lied von irgendwelchen grünen Gärten in unsern grünen Graben ... Wir sannen nie darüber nach (und so weiß ich's bis heute nicht), ob sie

Mutter und Sohn waren, und wir fragten auch nie – weder unsre Eltern noch die Kinderfrau, vor der wir uns nicht zu fürchten brauchten –, weshalb sie *Muttergottes* und *Christus* hießen; deshalb nicht, weil wir glaubten, sie seien die von den Ikonen (die auf den Ikonen, außerdem und trotzdem aber die mit den Äpfeln); sie waren weder *dieselben* noch *nichtdieselben*. Vielleicht flößten ihre bloßen Namen schon Furcht ein – es kann doch nicht ein jeder Muttergottes und Christus heißen! – und ließen sie über jeden Zweifel und jede Schuld erhaben erscheinen. Innerlich urteilten wir etwa so: »Da sie Äpfel stehlen, sind sie mit Christus und der Muttergottes nicht ganz identisch, da sie aber immerhin Christus und die Muttergottes sind, ist ihr Tun mit einem Diebstahl nicht ganz gleichzusetzen.« Sie stahlen ja auch nicht, sondern bedienten sich einfach, und ihre Scheu galt – wie ich heute erkenne – nicht uns (Kinder sind ja selber Bettler und Diebe), sondern den Blicken. Auch Tiere und Kinder (und sie sind nicht die einzigen, man glaube mir!) vertragen es nicht, wenn man sie ansieht. Kurzum, dieses unstete Paar gehörte weder zu uns gewöhnlichen Sterblichen noch zu *jenen andern*, obwohl es *auch* deren Züge trug. Christus und die Muttergottes lebten (das heißt bewegten sich – über ihr Leben weiß ich nichts) abseits von den andern, sie gingen nie einzeln, sondern immer zusammen, und oft dachte ich bei ihrem Anblick: ›So mußte *jene* Muttergottes jenem Christus gefolgt sein‹, denn immer ging sie hinter ihm, an seine Fersen geheftet, und hielt nur gerade so viel Abstand, daß sie ihm nicht auf die (nackte) Ferse trat. Ging so und schien ihn mit ihrem Körper zu stützen, er aber, geschwächt und verstimmt, bewegte sich, als ginge er nicht dahin, wohin er wollte, sondern wohin die Füße ihn trugen, doch selbst die Füße wußten nicht recht wohin: mal

liefen sie in der Wagenspur, dann wieder stießen sie an einen Stein oder Erdhügel oder strebten, völlig grundlos, in verschiedene Richtungen. So traf man die beiden auf dem Markt, auf Straßen und klettenüberwucherten Feldern, an der Oka . . . Doch so wie jene andern, die Schwestern, nie um Äpfel kamen, so brachten uns diese, Mutter und Sohn, niemals Beeren; völlig abwegig der Gedanke, Christus hätte uns plötzlich Erdbeeren gebracht! Und während die Kirillstöchter sich zum Gruß tief verneigten, verneigte sich die Muttergottes nie, ganz zu schweigen von Christus, der nicht nur den Blick, sondern den ganzen Körper abwandte!
»Gnädige Frau! Die Kirillstöchter haben Erdbeeren gebracht . . . Sollen wir welche nehmen?«
Wir stehen im Flur, Mutter vorn, wir hinter ihr, aus Feigheit, damit man uns die plötzliche Gier nicht ansieht (das Unbewußte wurde von Mutter besonders bekämpft), und reckten hinter ihrer Hüfte sacht die Hälse vor. Da reißt du dich endlich von der Erdbeerfülle los und begegnest einem Geißlerinnenblick, *kaum* von der Erde abgehoben (wir waren ja so klein!), und einem verstehenden Lächeln. Und während sie die Beeren aus dem Sieb in einen Eimer umschütten, läßt eine Kirillstochter (welche? immer dieselbe! eine einzige mit dreißig Gesichtern, unter dreißig Tüchern!) ruhig und gelassen, den gesenkten Blick auf den sich entfernenden Rücken der Mutter geheftet, Beere für Beere in den nächstliegenden, kühnsten, gierigsten Mund (meist war's der meine!) fallen, wie in einen Schlund. Woher wußte sie nur, daß die Mutter uns so zu essen nie erlaubte – vor der Mahlzeit, soviel auf einmal, mit solcher Gier? Sie wußte es von daher, wie wir; denn Mutter verbot uns mit Worten nichts. Mit dem Blick – alles.
Die Kirillstöchter – ich bezeuge es mit Freuden – liebten

mich am meisten, vielleicht wegen meiner Gier, meiner Frische, meiner Stärke – Andrjuscha war groß und schlank, Assja klein und fein –, eine Tochter wie mich hätten die Kinderlosen sich gewünscht, eine für alle!
›Mich aber mögen die Geißlerinnen lieber!‹ Mit diesem Gedanken schlief ich nach einer Kränkung ein. ›Assja ist der Liebling von Mama, von Augusta Iwanowna und der Kinderfrau (Papa liebte aus Güte alle »am meisten«), ich aber bin der Liebling von Großvater und den Geißlerinnen!‹ Der wohlanständige Baltendeutsche hätte sich für diese Verbindung bedankt!
Unter all meinen Visionen des Paradiesgartens von Tarussa ist eine besonders paradiesisch, weil einzigartig. Die Geißlerinnen luden unsere ganze Familie zur Heuernte ein, und o Wunder, Erstaunen, o reine Erschütterung – wir durften mit. (Mutter vertrug keine Familienausflüge, nichts Gemeinsames, am wenigsten ihre Kinder im Beisein anderer.) Natürlich hatte Vater darauf bestanden.
»*Dieser da* wird übel«, protestierte Mutter über meinen im voraus schuldbewußten Kopf hinweg, »vom Rütteln des Fuhrwerks wird ihr sicher übel. Es wird ihr immer und überall übel, ich versteh nicht, von wem sie das hat. Papachen (so nannte sie jenen ›Großvater‹) wird nie übel, auch mir und dir nicht, ebensowenig Ljora, Andrjuscha und Assja, ihr aber wird schon vom bloßen Anblick der Räder schlecht.« »Dann wird ihr eben schlecht«, meinte Vater besänftigend, »dann übergibt sie sich eben, was ist schon dabei . . . (und war in Gedanken längst woanders), übergibt sich, alles bestens. (Und zu sich kommend:) Vielleicht übergibt sie sich nicht, an der frischen Luft . . .« – »Was hat die frische Luft damit zu tun?« ereifert sich Mutter, im voraus gekränkt über das bevorstehende Spektakel. »Ob Waggon

oder Fuhrwerk, ob Schiff oder Landauer – mit oder ohne Stoßdämpfer –, ob Fähre oder Aufzug, immer und überall wird ihr schlecht, und dabei heißt sie Marina, die *Meerische*!« – »Zu Fuß wird mir nicht übel«, bemerke ich schüchtern-aufbrausend, durch Vaters Gegenwart ermutigt. – »Wir setzen sie in Fahrtrichtung, nehmen Pfefferminzplätzchen mit und ein Kleid zum Wechseln«, redet Vater Mutter zu. – »Ich aber will nicht neben ihr sitzen, weder neben ihr noch ihr gegenüber!« sagt Andrjuscha verärgert, mit finsterem Gesicht. »Immer muß ich neben ihr sitzen, wie damals im Waggon, weißt du noch Mutter, als . . .« – »Wir nehmen Kölnischwasser mit«, fährt Vater fort, »und neben ihr sitzen werde – ich. (Zu mir aber, vertraulich:) Bitte unterdrück es nicht, sag's geradeheraus, wenn dir übel wird, dann halten wir an, du steigst vom Wagen und atmest tief durch. Wir brauchen uns ja nicht zu beeilen . . . Wirklich komisch, daß dir immer übel wird. (Und versöhnlich:) Gegen die Natur läßt sich nichts ausrichten. Auch so kannst du's machen: ›Papa, ich möchte jenen Mohn dort pflücken!‹ Und springst rasch ab und läufst möglichst weit weg, damit Mama nicht verstimmt ist!«

Wir fuhren also los und gelangten – mit meinem Mohn in der Hand – zur Heuernte der Geißlerinnen, weit hinter Tarussa, auf irgendwelchen von ihren verstreuten Wiesen.

»Ei Marina-Malina, was bist du so grün? Bist früh aufgestanden, Täubchen? Nicht ausgeschlafen, du Schöne?« So umringten, umgarnten mich die Kirillstöchter, zogen mich mit sich, reichten mich von Hand zu Hand, als wollten sie mich in einen Reigen ziehen, bemächtigten sich alle aufeinmal meiner, als wär ich ihr gemeinsamer Schatz, ein Kleinod der Geißlerinnen. Die Meinen – Papa, Mama, die Erzieherin, die Kinderfrau, Ljora, Andrjuscha und Assja – waren in diesem Paradies vergessen. Ich gehörte – jenen andern. Mit ihnen rechte und verzettelte ich das Heu, zwischen ihnen, die sich bewegten, ruhte ich mich aus, mit ihnen tauchte ich in die Heumassen und kam wieder hoch, wie jener Hofhund in den unsterblichen Versen (»außer Atem!«), mit ihnen ging ich zur Quelle, mit ihnen entfachte ich ein Feuer, mit ihnen trank ich Tee aus einer riesigen bunten Tasse, wie sie kaute ich Zucker, mit ihnen hätte ich . . .

»Marinuschka, du Schöne, bleib bei uns, wirst unsre Tochter sein, mit uns im Garten leben, unsre Lieder singen . . .« – »Mama erlaubt's nicht.« – »Und würdest du bleiben?« Ich schweige. »Natürlich würdest du nicht bleiben wollen, hättest Mitleid mit Mama. Sie liebt dich doch so sehr!« Ich schweige. »Würde dich wohl um keinen Preis hergeben?!« – »Wir fragen die Mama gar nicht, nehmen dich einfach mit!« sagt eine Jüngre. »Nehmen dich mit und schließen dich in den Garten ein und lassen keinen herein. So wirst du bei uns leben hinterm Zaun.« (In mir entflammt eine wilde brennende unerfüllbare hoffnungslose Hoffnung: ist's Ernst?) »Wirst mit uns Kirschen pflücken, werden dich Mascha nennen . . .«, sagt dieselbe in singendem Tonfall. »Hab keine Angst, Täubchen«, beschwichtigt mich eine Ältre, die meine Begeisterung für Schrecken hält, »niemand nimmt dich mit, kommst mal zu Gast nach Tarussa, mit Papa und Mama oder mit der Kinderfrau, ihr geht doch jeden Sonntag bei uns vorbei und wir schauen euch zu; ihr könnt uns nicht sehen, wir aber sehen euch, alle . . . Kommst in einem weißen Pikeekleid, festlich, in zierlichen Schuhen mit Knöpfen . . .« – »Wir aber ziehen dir unsre Tracht an!« mischt sich die Ruhelose mit dem singenden

Tonfall ein, »ein schwarzes Nonnengewand, ein weißes Kopftuch, wir lassen dir die Haare wachsen, flechten sie zu einem Zopf . . .« – »Was ängstigst du sie, Schwester! Am Ende glaubt sie's noch. Jedem sein Schicksal. Auch so ist sie unser – unser ersehnter Gast, unsre geistige Tochter . . .«

Und sie umarmten und herzten mich, hoben und warfen mich hoch – hopp! auf den Wagen, den Berg, ins Meer, untern Himmel, von wo aus ich alles gleichzeitig sehen konnte: Papa in seinem rohseidenen Jackett, Mama mit ihrem roten Kopftuch und Augusta Iwanowna im Tirolerkleid, das gelbe Lagerfeuer sowie die fernsten Sandbänke der Oka . . .

Ich möchte ruhen auf dem Friedhof der Geißlerinnen von Tarussa, unter einem Holunderstrauch, in einem jener Gräber mit der silbernen Taube, wo die rötesten und größten Erdbeeren der Gegend wachsen.

Falls dies jedoch nicht möglich ist, falls nicht nur mir dort zu ruhen verwehrt, sondern der Friedhof selber verschwunden sein sollte, so wünsch ich mir, daß man auf einem der Hügel, über welche die Kirillstöchter zu uns nach Pessotschnoje und wir zu ihnen nach Tarussa zogen, einen Stein anbringt aus dem Tarusser Steinbruch, mit der Inschrift:

Hier möchte ruhen
MARINA ZWETAJEWA

Mai 1934

Das Haus beim Alten Pimen

Für Wera Muromzewa –
gleichen Ursprungs wie ich

I Großvater Ilowajskij

Er war kein kollektiver Großvater wie »Großvater Krylow« oder »Großvater Andersen«, sondern ein ganz und gar echter, nur war er nicht blutsverwandt, sondern mein Stiefgroßvater.

»Mama, warum hat Andrjuscha zwei Großväter, wir aber haben nur einen?« Ich erinnere mich an die Frage, an die Antwort erinnere ich mich nicht, und wahrscheinlich hat es eine solche gar nicht gegeben, denn Mutter konnte ja nicht die Wahrheit sagen, nämlich: »Weil mein Vater und euer Großvater, Alexander Danilowitsch Mejn, als großzügiger und gerechter Mensch nicht umhin kann, den fremden Enkel wie seine eigenen Enkel zu lieben oder zumindest zu beschenken und zu verzärteln, während Andrjuschas Großvater, als hartherziger und sehr alter Mensch, sogar seinen einzigen Enkel nur mit Müh und Not zu lieben vermag.« So hatte denn Andrjuscha »zwei Großväter«, ich und Assja aber hatten nur einen.

Unser Großvater ist der bessere. Er bringt Bananen mit – und für alle. Großvater Ilowajskij aber bringt nur Goldstücke – und nur für Andrjuscha, legt sie diesem in die Hand oder irgendwie daneben, wortlos und ohne ihn anzusehen – und nur am Geburtstag oder zu Weihnachten. Mama nimmt Andrjuscha die Goldstücke gleich weg. »Augusta Iwanowna, waschen Sie Andrjuscha die Hände!« – »Aber das Geldstick is ganz neu!« – »Es gibt kein sauberes

Geld.« (Das ist uns Kindern für immer geblieben: Geld gleich Schmutz.) So war denn Großvaters Geschenk für Andrjuscha nicht nur keine Freude, sondern geradezu ekelhaft: nochmals die Hände waschen mit dieser ohnehin schon *ausgelaugten* Deutschen. Das Goldstück aber fällt in die »Ilowajskijsche« Sparbüchse, und niemand erinnert sich daran bis zum nächsten fälligen Goldstück. (Eines schönen Tages war die ganze Sparbüchse mit sämtlichen Ilowajskijschen Goldstücken aus zehn Jahren verschwunden, und wenn dies bei jemand Bedauern hervorrief – so nicht bei Andrjuscha. Gold war für uns von klein auf nicht nur Schmutz, sondern Schall und Rauch.)
Unser Großvater holt uns mit seinem eigenen Pferdegespann ab und fährt uns nach Petrowskoje-Rasumowskoje. Andrjuschas Großvater fährt niemanden herum, weil er überhaupt nie fährt, weil er immer zu Fuß geht. Deswegen auch habe er ein solches Alter erreicht, sagen die Erwachsenen. Unser Großvater bringt uns aus dem Ausland Spielzeug zum Aufziehen mit; zum Beispiel brachte er Andrjuscha letzthin aus Karlsbad einen Spielzeugjungen, der die Wände hochklettert. Bei Großvater Ilowajskij dagegen kann nicht einmal der lebendige Junge Andrjuscha sich bewegen, als wäre das Aufziehwerk kaputt. Nach jedem seiner Besuche zischt und flüstert unser altes Haus am Trjochprudnyj aus allen Gängen und Durchgängen: »Millionenerbe (die Kinderfrau); MILLIONÄR (die baltendeutsche Bonne); zusammen: Schuschuschu – Andrjuscha – Andrjuschetschka – REICHER ERBE – Nachfolger ...« Diese Worte haben für uns – den Siebenjährigen, die Vierjährige und die Zweijährige – keinerlei Bedeutung, sind bloße Magie, wie Großvater Ilowajskij selbst, im Wiener Stuhl, mitten im Salon; meist legte er seinen langen, bis zum

Boden reichenden Pelzmantel gar nicht ab, denn er kannte die Kälte des Trjochpruder Erdgeschosses, war es doch *sein* Haus, das er seiner Tochter Warwara Dmitrijewna zur Mitgift gegeben hatte, als diese meinen Vater heiratete. Weiter als bis zum Salon ging Großvater Ilowajskij nie, und auch auf dem runden grünen Diwan saß er nie, immer nur auf dem nackten Stuhl mitten auf dem nackten Parkett, wie auf einer Insel. Zeigte mit dem Finger auf das Mädchen, das herantrat oder sich neben ihn setzte: »Ist das Marina oder Assja?« – »Assja.« – »Ahaaa.« Weder Billigung noch Erstaunen, nicht einmal ein Erkennen. Nichts. Dafür flößte auch er uns keine Gefühle ein – nicht einmal Furcht. Wir *wußten*, daß er uns nicht sah. Die Zweijährige, die Vierjährige und der Siebenjährige wußten, daß sie für ihn *nicht existierten*. Und betrachteten ihn genauso offen und ruhig wie das Puschkindenkmal auf dem Twersker Boulevard. Die einzige Wirkung, die er im Zimmer auf uns ausübte, bestand – wie diejenige eines jeden Denkmals – in einer allmählichen, schmerzlosen, tiefen Erstarrung, die uns erst beim Quietschen der Haustür verließ. Wäre Großvater Ilowajskij nicht weggegangen, hätten wir uns nie mehr bewegt.

Im Frühling wurden auf unsern grünen pappelbestandenen Trjochpruder Hof die eisenbeschlagenen Ilowajskijschen Truhen hinausgeschleppt – Mitgift der verstorbenen Mutter Andrjuschas, der schönen Warwara Dmitrijewna, der ersten und ewigen Liebe, der ewigen Sehnsucht meines Vaters.

Ein rotes Schühchen (so sagten wir in der Kindheit), mit einem Absatz so hoch wie der Fuß lang war (»auch ihre Füßchen waren Miniatürchen!« ruft das Stubenmädchen Mascha aus) – eine Rolle von schwarzen Spitzen – ein weißer Schal, dessen Fransen am Boden schleifen – ein roter

Korallenkamm. Solche Dinge hatten wir bei unserer Mutter, Marija Alexandrowna Mejn, nie gesehen. Und noch mehr Korallen: eine siebenreihige Kette. (Die Mutter zur zweijährigen Assja: »Assja, sag: Korallenkette!«) Wie schön wäre es, sie anzufassen. Doch anfassen ist verboten. Und diese roten Tropfen – ans Ohrläppchen. Dies hier, mit dem roten Feuer und dem Wein drin – sind Granaten. (»Assja, sag: Granatarmband.« – »Arm-band.«) Und diese Korallenbrosche da – eine Rose. Die Korallen – das ist Neapel, die Granaten – Böhmen. Granatäpfel sind zum Essen. Und dies da – ein merkwürdiges Wort – sind »blondy«, Seidenspitzen. Von irgendeiner Urgroßmutter, von Mamaka, einer Rumänin. Das alles ergibt keinen Sinn, ist reinste Magie. (»Es heißt, sie sei Schauspielerin gewesen, habe im Theater gesungen . . .«, flüstert Mascha der baltischen Bonne zu. »Es heißt, unser Herr sei ohne sie sehr traurig gewesen.« – »DUMMHEITEN«, fährt die Baltendeutsche mit ihrem Baß dazwischen, auf die Ehre des Hauses bedacht, »nichts weiter als reiche Tochter von reichem Vater. Und sang, wie Vogel, zu eigenem Vergnügen.«) Das glühende Kostüm des Jungen aus flammendrotem Samt. Der Junge, den man so kleidet, heißt Page. (Und das schwarze Schnürchen mit dem Schlangenkopf zum Raffen des Rocks heißt ebenfalls »Page«.) Und dieses lange Messer heißt Degen. Gerippter Taft, Moiré, Kolliers, Schatullen, Hüllen . . . Das, wonach alles riecht, ist Patschuli. Andrjuscha, überzeugt, daß ein zweites Messer nicht zum Vorschein kommen würde, tollt auf seinem STECKENPFERD herum. Ich, schüchtern, zur Mutter: »Mama, wie . . . wunderschön!« – »Das finde ich nicht. Aber hüten muß man's, weil es Ljoras Mitgift ist.« – »Und dieser Silberschnee!« – »Das ist Naphthalin. Gegen die Motten.« Naphthalin,

Motte, Mitgift, Patschuli – ergibt alles keinen Sinn, ist reinste Magie.
Später erschien auf unserm grünen pappelbestandenen Hof das Skelett eines Fahrrads. Ich sage Skelett, weil ich es, bereits etwas älter, sogleich in jenen ungeheuer großen, ungeheuer hohen, ungeheuer langhalsigen Tieren mit den weit über die Erde ragenden Beinen wiedererkannte, jenen Tieren, die nur als Skelett existierten und auch das nur auf Bildern (wie solche Fahrräder auch). »Das prähistorische Fahrrad eines Historikers!« wiehert der freisinnige Student Guljajew, der Andrjuscha für die Vorbereitungsklasse des Siebten Gymnasiums, die Schwester Ljora aber, heimlich, fürs Heiraten trainiert. Dieses erste Fahrradmodell hatte der geizige Großvater seinem ins Lernalter gekommenen Enkel geschenkt beziehungsweise hinterlassen (noch einfacher – stehenlassen!). Sich selber aber kaufte Großvater ein neues. Das Schwierigste, ja nicht zu Bewältigende für den neunjährigen Jungen war – sich aufs Fahrrad zu setzen. Das Zweitschwierigste – damit zu fahren: der Fuß war mindestens einen Arschin vom Pedal entfernt. Das einzig Mögliche war, darauf zu sitzen, denn das Skelett hatte drei Räder, war unbestreitbar stabil und ausdauernd. Das Fahrrad mit dem thronenden Andrjuscha wurde vom Hausmeister Matwej über den Hof gesteuert. Mich und Assja ließ man nie auf den Ilowajskijschen Lieblingssitz. Aber wir wünschten es uns auch nicht. Alles Ilowajskijsche in unserm Haus, vom Stäbchenspiel der Internatsschülerin Walerija bis zu Andrjuschas Ichthyosaurus, war für uns, die Nur-Zwetajews, Tabu. Es war ein Haus der stillen Verbote und Vermächtnisse. Später tauchte in unserm Haus ein *ebensolches* Gewehr auf. Und ein *ebensolches* Fernrohr. Der Großvater wuchs sozusagen aus seinen Sachen heraus, wie

ein Kind aus den Schuhen, nur in der umgekehrten Richtung: er tauschte etwas Größeres gegen etwas Kleineres ein. Übrigens waren das Fahrrad, das Gewehr und das Fernrohr sein einziges Erbe an den Enkel. Alles andere (die Millionen – in oder ohne Anführungszeichen) erbte die Revolution.

Ilowajskij wohnte an der Kleinen Dimitrowka, in der Gasse beim Alten Pimen. Assja und ich waren nie im Hause der Ilowajskijs, wir hatten nur von ihm gehört. Der Vater zur Mutter: »Du warst schon einen ganzen Monat nicht mehr dort, der fünfte Freitag, begreif doch: das ist beleidigend! Überwinde dich, Liebling, es muß sein . . .« – »Also wieder im Eckzimmer sitzen und einen Abend lang Wint spielen!« Wint spielt man so: in der Zimmermitte steht ein Schraubentisch, um den Tisch herum sitzen Gäste und drehen ihn, wer am schnellsten dreht, hat gewonnen. Das Spiel heißt auch »Tischdrehen«, mit ihm befassen sich die Internatsschülerin Ljora und der junge Ilowajskij, der seine Zimmertür abgeschlossen hat. Ein langweiliges, ja schreckliches Spiel, weil man, nach Mutters Worten, bis Mitternacht weder aufstehen noch aufhören darf: am Türrahmen des Eckzimmers lehnt Großvater Ilowajskij und läßt keinen durch. Später, als mir klar wurde, daß Wint ein Kartenspiel war, prägte ich mir diese Worte der Mutter ein: »Wenn die Menschen keine Gedanken zum Austausch haben, tauschen sie Karten aus«, und noch später *erkannte* ich diese Worte bei Schopenhauer *wieder*. – »Was tun, Liebling, man kann die Menschen nicht ändern, beleidigen aber soll man sie nicht . . .«, seufzte der Vater, dem alle Tische mit Ausnahme seines Schreibtisches zutiefst gleichgültig waren.

Andrjuscha ist ungern bei den Ilowajskijs. Gleichaltrige

gibt es dort nicht, und so gerät er sofort in die Krallen von Großvaters zweiter Frau, Alexandra Alexandrowna, die er mit Namen und Vatersnamen anspricht. A. A. (eine geborene Kowrajskaja) ist dreißig Jahre jünger als der Großvater und, wie die Erwachsenen behaupten, bis heute eine Schönheit, für uns aber – das Gegenteil einer Schönheit, weil sie ein böses Gesicht hat, eine Nase mit irgendwie verunstalteten Nasenlöchern und eine Stimme, die durch diese verunstalteten Nasenlöcher dringt. Die »Muttermale« aber, die Muttermale sind einfach Flecken, so als hätte sie Schokolade gegessen und sich den Mund nicht abgewischt. Sie trägt immer Kariertes, das heißt schwarzweiß, braunweiß, grauweiß Gemustertes, ein feines Raster, von dem es einem, bei längerm Hinsehen, vor den Augen zu flimmern beginnt; hinsehen aber muß man lange, wenn man den Blick unter ihrem allsehenden schwarzen Auge – von *seinem* blauen, nichtsehenden so verschieden – auf ihren scheckigen Rocksaum heftet. Völlig zugeschnürt und straffgezogen ist sie, »tirée à quatre épingles«, wie die Erwachsenen zu sagen pflegen, und ständig läßt sie »Haarnadeln fallen«, was sie, zusammen mit den »quatre épingles«, für uns zu einem Nadelkissen macht.

Doch die Kinder von A. A. sind wunderbar. Es sind ihrer drei: die grauäugige Nadja, der schwarzäugige Serjoscha und die außerordentlich hübsche, dicke Olja, deren Augen man bei uns zuhause »Vergißmeinnicht« nennt.

Dmitrij Iwanowitsch Ilowajskij war zweimal verheiratet. Seine erste Frau und alle drei Kinder aus erster Ehe starben. Ich erinnere mich an die zauberhaften Gesichter dieser Jungen im Familienalbum. (Die Schönheit in dieser Familie blühte!) Als letzte aus dieser ersten Familie starb die erwähnte bildschöne W. D. Doch der Tod machte nicht halt.

Im Jahre 1904 wurden die herrliche Nadja und der herrliche Serjoscha (zweiundzwanzig, zwanzig) nacheinander beim Alten Pimen aufgebahrt. Das Schicksal der letzten Tochter, Olja, jedoch war für Ilowajskij noch schlimmer als der Tod: sie floh zu einem Mann jüdischer Abstammung nach Sibirien und ehelichte ihn.

Das Jahr 1906. Assja und ich kehrten, nach einem langen Auslandsaufenthalt, nach dem Verlust der Mutter, fremd- und großgeworden in unser Trjochpruder Haus zurück. Der Salon, wo während unserer Abwesenheit nur ein farbiges Brustbild von Andrjuschas Mutter (ein in *unserm* Leben schicksalhaftes Bild) hinzugekommen ist; mitten im Salon der Wiener Stuhl; auf dem nackten Stuhl, unter dem wundervollen grauen Blick der Verstorbenen, in den Wogen seines schwarzen Pelzmantels, mitten auf dem nackten Parkett wie auf einem nackten Acker – Großvater Ilowajskij. Ausgestreckter Finger, bleierner blinder Blick: »Wer ist das: Assja oder . . .?« – »Marina.« – »Ahaaa . . .« Und nicht deshalb erkannte er uns nicht, weil er uns so viele Jahre nicht gesehen hatte, sondern deshalb, weil er uns überhaupt nie wahrgenommen hatte, d. h. nie das Gesicht mit dem Namen verband, und dies wiederum tat er nicht, weil es ihm gleichgültig war. Die Frage nach dem Namen (wer ist wer) entsprach der klassischen Funktion des Historikers: mettre les noms sur les figures, wobei diese alsbald vergessen wurden – wegen ihrer Geschichtslosigkeit. Die »historischen Daten« aber, das heißt Assjas und mein Alter, merkte sich Ilowajskij nie. Ob jene Marina, die vor ihm stand, fünf war oder fünfzehn – was kümmerte es ihn, wo sie keine Mniszek war und er selber gut achtzig Lenze zählte!

»Seltsam ist das Haus des Großvaters«, erzählt Bruder Andrej, der all diese Jahre bei den Ilowajskijs verbracht hat, »sie heizen unten und immer nachts; barfuß herumzulaufen ist unmöglich, man tanzt wie in der Hölle! Der Großvater aber sitzt auf dem Dachboden in der größten Kälte bei offenem Fenster. Auch Nadja und Serjoscha hat er dazu gezwungen, vielleicht sind sie deshalb gestorben. Und essen tut er nichts, drei getrocknete Pflaumen und zwei Schüsselchen Hafermehl, das reicht für den ganzen Tag. Und nachts schläft er nicht – und gibt auch mir keine Ruh –, entweder schreibt er, oder er geht herum, genau über meinem Kopf, auf und ab und auf und ab. Hören die Schritte auf, so heißt das – er schreibt. Geh ich ins Gymnasium – geht er zu Bett; komme ich zum Essen – ist er schon wieder am Schreiben. Und was schreibt er immer? Ich führ es fort, sagt er, bis zum letzten Tag. Was für einen letzten Tag, wo *heute*, zum Beispiel, schon der *letzte* ist, und morgen – wieder der letzte! . . . So kann man nie zu einem Ende gelangen . . . Und gesund ist er!! Sitzt bis heute zu Pferd; und wie er ins Horn bläst – es platzt einem fast das Trommelfell! Selber schläft er nicht, bringt nur die andern zu Bett. Als Nadja und Serjoscha noch lebten, kam viel Jungvolk, man spielte Rätselraten und anderes, doch Punkt zehn, im größten Getümmel, erschien auf der Schwelle – Großvater im Schlafrock. Er tritt heran und löscht zuerst eine Kerze aus, dann eine zweite, und so eine nach der andern, bis nur noch eine einzige übrigbleibt. Diese läßt er brennen. Und verzieht sich ohne ein Wort. Das heißt, die Gäste müssen nachhaus. Und die Gäste lärmen, lärmen im Flur mit den Galoschen, damit er weiß, sie sind gegangen; doch wenn er sich auf den Dachboden verzieht – kehren sie zurück, und dann geht das Fest erst richtig los, nur leise . . .«

Übrigens hat Großvater Assja und mir doch eine Frage gestellt, ja sogar ganze zwei. »Lernst du im Gymnasium?« – »Ja.« – »Nach welchem Lehrbuch?« – »Winogradow. (Variante: Wipper.)« Ein unzufriedenes »Hmmm . . .« Ilowajskij war mir bei den Prüfungen jedoch von Nutzen, sogar mehrfach. Einmal schlug ich sein Lehrbuch auf und erblickte unten auf der Seite folgende Bemerkung in winzigen Lettern: »Mithridates verlor in den Pontischen Sümpfen sieben Elefanten und ein Auge.« Auge – das gefiel mir. Verloren – aber der Nachwelt überliefert! Ich behaupte, daß dieses Auge künstlerisch ist! Was ist denn Kunst anderes als das Auffinden verlorener Dinge, als die Verewigung von Verlusten?

Ich las weiter – hinten und vorn, alte, mittlere, moderne Geschichte – und überzeugte mich bald, daß ich alles, was er schrieb, vor mir sah, daß bei ihm alles – Auge war, während der schwer erträgliche »Klassenkampf« unserer Potozkijschen, Alferowskijschen usw. liberalen Gymnasien ohne Auge und Gesicht war, da gab es bloß Menschenmassen – und alle rauften. Ich erkannte, daß es sich bei Ilowajskij um *lebendige* Personen handelte, um lebendige Zaren und Zarinnen, es kamen jedoch nicht nur Zaren vor, sondern auch Mönche, Schelme und Räuber! . . . – »Sie sind ausgezeichnet vorbereitet. Was für Quellen haben Sie benutzt?« – »Ilowajskij.« Der liberale Lehrer traute seinen Ohren nicht: »Wie? Seine Bücher sind doch völlig veraltet! (Pause, mit allen möglichen Gedanken ausgefüllt.) Auf jeden Fall sind Sie bestens beschlagen. Und ungeachtet einer gewissen Einseitigkeit der Betrachtung geb ich Ihnen . . .« – »Eine Fünf«, buchstabiere ich im Geist. Diesen Scherz wiederholte ich in jedem Gymnasium, wenn ich eintrat, und letzteres tat ich ständig. Und so war denn der so vielen Schüler-

generationen verhaßte »Ilowajskij« für mich, die Schülerin liberaler Zeiten, mehr als einmal Ursache für eine Fünf.
Ilowajskijs zweite Frage an mich und Assja lautete: »Hast du meinen ›Kreml‹ gelesen?« – »Ja.« – »Und *worüber* schreib ich da?« – »Über die Juden.« – »Und *was* schreib ich da über die Jidden?« – »Sie lieben sie nicht.« (Der Anflug eines Lächelns, und dann mit nicht wiederzugebender Emphase:) »*Lieben sie nicht!* . . .« Den eigenen Enkel übrigens fragte er noch genauer, noch tückischer aus. Das soll er ihm sagen und jenes! Ein echtes Verhör! Nicht er habe das Buch schließlich geschrieben, und ob er es vielleicht auswendig lernen müsse, beschwerte sich Andrej. Ich zu ihm: die Deutschen, er zu mir: die Livländer. Meinetwegen die Esten! Gestern hat er mich eine ganze Stunde lang festgehalten!
Das Monatsblatt »Kreml« mit seinem einzigen Herausgeber, Mitarbeiter, Abonnenten und Austräger – Ilowajskij. (Die Verwandten und Bekannten belieferte er selbst.) Eines Tages bekam er über sich den Zensor zu spüren: 1905, nach drei Warnungen, wurde der »Kreml« eingestellt, wegen der offenen und gehässigen Kritik des Historikers Ilowajskij an der historischen Geste des letzen russischen Zaren im Oktober 1905. Ich erinnere mich an eine frühe Tagebuchaufzeichnung meiner Mutter (um 1895): »War an einem Vortrag von D. I. über die *Wahl* Michail Romanows zum Zaren, in Gegenwart höchster Persönlichkeiten. Aus Ilowajskijs Darstellung ging hervor, daß Michail Romanow wegen seiner Unbedarftheit zum Zaren auserkoren wurde. Kühn, aber in Gegenwart von Verwandten – unschicklich.« Seine Furchtlosigkeit und seine tiefe Mißachtung dessen, was ihm, ein für allemal, nicht als Wahrheit und Pflicht erschien, bewies er in einer bedeutsameren Zeit, als es das Jahr 1905

war. »Und den Zaren die Wahrheit mit einem Lächeln sagen.« Ein Lächeln habe ich auf Ilowajskijs Gesicht nie gesehen. Ich bezweifle auch, daß es die Zaren gesehen haben. Doch die Wahrheit – die haben sie gehört. Der »Kreml« wurde später natürlich wieder erlaubt, und D. I. fuhr fort, damit die Häuser seiner ›Untergebenen‹ zu überschwemmen. Das einzige, was mir von meinem einzigen Besuch im Hause der Ilowajskijs geblieben ist – sind die Stapel des »Kreml« in den tiefen Fensternischen, Stapel, die bis zum Fensterkreuz reichten und Bewohnern und Gästen nicht allegorisch, sondern physisch das Tageslicht und Gottes Welt verhüllten. Diesen halb unterirdischen Raum mit dem Godunowschen Gewölbe bitte ich, im Gedächtnis zu behalten.

Er war ein stattlicher alter Mann. Gut gewachsen, breitschultrig, mit neunzig Jahren noch gerade wie ein Baumstamm, mit einer geraden Nase, einem seitlichen Scheitel, mit Locken und einer prächtigen Stirn à la Turgenjew sowie eiskalten, großen, durchdringenden Augen, die nur das Lebendige bleiern ansahen.

Ich schließe die meinen und sehe: unsere kleine Diele am Trjochprudnyj, in der Haustür einen Greis in einem riesigen Pelz, vor ihm das verschüchterte, selbst nach zehn Jahren noch hilflose Stubenmädchen. »Heißt du Mascha? Dann richte deinem Herrn aus, daß der Herr vom Alten Pimen gekommen ist. Er hat den ›Kreml‹ gebracht.«

II Das Haus beim Alten Pimen

Es war ein Todeshaus. Alles in diesem Haus ging zugrunde, außer dem Tod. Außer dem Alter. Alles: die Schönheit, die Jugend, die Anmut, das Leben. Alles in diesem Haus ging zugrunde, außer Ilowajskij. Der halsstarrige Alte hatte beschlossen zu leben. »Er lebt auf Kosten fremden Lebens ... Alle Kinder hat er verscharrt, er selbst aber ... Der zwanzigjährige Sohn liegt unter der Erde, der Siebzigjährige aber ergeht sich ...« Unter solchem Geflüster und Gemurre – lebte er.

Viel später, als ich Farrères »Hommes vivants« las, fiel mir ein, nein erschien mir leibhaftig (Gott verzeihe mir, denn das ist Sünde) – D. I. Das Buch, in seiner Grausamkeit, ist grob. Hundertjährige Greise belauern und verführen in irgendeiner Steinwüste junge Reisende und saugen ihr Blut aus; davon leben sie. D. I. hat niemandes Blut getrunken, nein, auf seine Weise liebte er auch seine Kinder, dennoch liegt die Parallele auf der Hand: eine solche Langlebigkeit, an sich schon selten, ist angesichts so vieler früher Familientode – monströs. Die erste Frau, zwei Jungen, eine Tochter; der Sohn und eine Tochter aus zweiter Ehe ... Es war dies gleichsam eine Seuche, die einzig ihn verschonte.

Ilowajskij hat man in unserm wie in seinem eigenen Haus oft Gefühllosigkeit, ja Grausamkeit vorgeworfen. Nein, grausam war er nicht, er war vielmehr halsstarrig, sein Hals beugte sich vor nichts, unter nichts, über nichts, außer über seine laufende (unbefristete) Arbeit. Als ob er nicht oft genug gewarnt worden wäre! Wenn du nicht in deinem Hochmut nachläßt, nicht deine Macht verringerst, d. h. nicht dem Augenscheinlichen nachgibst, werden auch die andern sterben. Werden alle sterben. Doch seine Augen sahen anderes. Erkannten nicht den Sinn dieser Körper, die sich auf der Bahre ablösten. Der Historiker nahm in seinem Haus und in seinem Leben keine *Geschichte* wahr. (Oder ging es vielleicht nicht um Geschichte, sondern um Schicksal, wie es nur der Dichter erfaßt?) Das einzig Augenscheinliche in seinen Augen war: seine familiäre Macht und die Unfehlbarkeit seiner Verordnungen. Der Tod aber war ein von Gott gesandtes Unglück. Keinen Augenblick fühlte sich der Alte schuldig. War er's?

Über seinen Kindern hing das Los eines frühen Todes. Lachen Sie nicht, das gibt es. Und Ilowajskij war möglicherweise, wie im Mythos, bloß das Instrument des Schicksals. (Chronos *muß* seine Kinder verschlingen.) Schuld ist vorhanden, wenn Bewußtsein von Schuld vorhanden ist. Fehlt dieses Bewußtsein, ist es keine Schuld, mag sie auch todbringend sein. Ilowajskij lebte, und in Ilowajskij lebte, unverbesserlich, das Bewußtsein seiner Korrektheit. Wie läßt sich über Unfehlbarkeit urteilen?

Und vielleicht war das, was alle für Lebenswillen hielten, ein vom Schicksal auferlegter Zwang, ein Los, dem seiner Kinder entgegengesetzt, das Los eines langen Lebens, während das ihre der frühe Tod war: Langlebigkeit als Fluch? (Die Sibylle, die nicht sterben kann.)

Und da alles Mythos ist, da es nichts gibt, was nicht Mythos, was außerhalb des Mythos, was aus dem Mythos wäre, da der Mythos allem zuvorkommt und es ein für allemal formt, erscheint mir Ilowajskij heute in Gestalt des Fährmanns Charon, der seine sterblichen Kinder, eins nach dem andern, über die Lethe fährt.

Hier die ersten Söhne – sie wären vierzig Jahre älter als ich –, wie sie aus den Fenstern des Familienalbums schauen, mit ihrer jungen Mutter in der Mitte. Abgeschnitten der Vater – große Stirn, blaue Augen, ebenmäßiges Gesicht; über die mütterlichen Knie hinweg bespritzen sie sich bis zum letzten Moment mit dem unbewegten Wasser der Lethe . . .

Und hier W. D., die geliebte Frau des Ungeliebten, die einen

andern liebte, die ihr Leid unter der Sonne Neapels singend klagte und nach der Geburt des ersten Sohnes starb – mitten im Satz, mit einem Strauß in der Hand, festlich, bräutlich (das Blutgerinnsel stieg und stieg und erreichte das Herz) – W. D., mit Korallen übersät, mit der nichterkalteten Röte des Südens, der ersten Freude auf dem Gesicht. Da winkt sie mit dem Ende der Korallenkette dem zurückgelassenen Sohn ...
Und – der Nebel über der Lethe lichtet sich – kein Album! kein Bild! – Nadja, leibhaftig: kastanienbraun und rosig, ganz glühend und samtig, wie ein Pfirsich in der Sonne, in ihrer granatfarbenen (Proserpina!) Pelerine, die sie mit der doppelten Geste des Schüttelfrostes mal öffnet, mal schließt – o nein, nicht im Leichenhemd! Der Mythos kennt kein Leichenhemd, alle leben, gehen lebend in den Tod – einer mit einem Zweig, ein andrer mit einem Buch, ein dritter mit einem Spielzeug ...
(Alles in diesem Boot wechselt, außer dem Bootsmann.)
Und hier ist Serjoscha, der lebendige Abglanz vergangener Generationen (o, wie *wenig* du verstanden hast, Historiker!), zierlich, fein, mit einem kleinen Backenbart im völlig kindlichen Gesicht, braunäugig, nicht rosig, sondern grellblaß – ein Mensch des Jahres 1812! – wie auf der Gravüre, wie aus der Familienchronik, gleichsam mit seiner (ach studentischen!) Uniform verwachsen. (Und schon steigt ein geheimnisvolles Wort aus dem tiefsten Schoß meiner Kindheit auf: Serjoscha Bor-Ramenskij ...) Serjoscha Bor-Ramenskij, Raoul Dobri aus dem Mädchenroman von Zinaïde Fleuriot ... Alles in allem aber die ewige Vision des Jünglings: Ganymed, bezaubert von Zeus, Herkules' Hylas, bezaubert von der Nymphe ... Doch *dieser* Fluß ist Lethe, ein Fluß ohne Nymphe, ein Fluß ohne Laut, ist

Lethe, die nichts braucht, nicht einmal seine wundervollen Augen.
Liebe Serjoscha und Nadja, ich sehe euch im Frühjahr 1903 an einem zauberhaften Ort: im genuesischen Nervi. Sehe Serjoscha – im Schatten des Zimmers und der Mutter, Nadja – im vollen Licht, das nur von Mutters Schatten durchschnitten wird. Serjoscha wird von Mutter behütet, Nadja – bewacht. Da fahren sie beide in einem Landauer zur »bataille de fleurs«. Alle Blumen bekommt – Nadja, alle Papierblumen mit dem Sand (dem Geschützregen) der Erbsen – die Mutter. Ein Italiener löst sich aus der Menge und wirft: eine Rose auf die Schöne, Dreck auf den Drachen. (Wie brachte es A. A. – selber eine Schönheit und mit vierzig ohne ein einziges graues Haar – nur fertig, zum Drachen zu werden?) Nadja lacht, die Mutter tut nicht dergleichen, doch schon nach der ersten Tour der Uferpromenade entlang befiehlt sie dem Kutscher umzukehren – definitiv. Von der Blumenschlacht in jenes eine Zimmer, wo die verhältnismäßig gesunde Schwester mit dem bereits schwerkranken Bruder wohnt und die Geschwister sich gegenseitig mit ihrem Husten wecken. In Nadja ist der Student Van-der-Flass verliebt, der nicht aus Holland, sondern aus Kiew stammt, ebenfalls krank und schön, ein Student, den Assja und ich »Klosterkatze« nennen, weil er dick ist und irgendwie besonders reinlich und in einem separaten Häuschen lebt, wie in einer Klosterzelle. Assja und ich überbringen Nadja kleine Botschaften von ihm, manchmal auch umgekehrt. Uns küßt sie dann leidenschaftlich und mehrmals hintereinander auf den Kopf, den sie an ihre heiße Brust drückt. Die Verliebten beschützt meine Mutter, ebenfalls jung, ebenfalls krank, indem sie die ihr unerträgliche A. A. stundenlang mit praktischen, ihr selber

unerträglichen Gesprächen unterhält: mit Beobachtungen, Überlegungen, gelegentlich auch Erfindungen: wie man, zum Beispiel, Rüben einsalzen soll ... (Später, zu uns: »Soll sie sie ruhig einsalzen! Sie wird sie ja selber essen!«) Dadurch lenkte sie den wachsamen Wächter ab, bis zum völligen Vergessen der Zeit. Doch eines schönen Tages nimmt die Seligkeit ein Ende. Ohne den Abschluß der Kur abzuwarten, unter dem Vorwand, das Leben sei hier zu teuer (zwei in einem Zimmer, die Pension zu fünf Franken, Millionen ...), in Wirklichkeit aber wegen Nadjas Erfolgen (wegen der unzuverlässigen Art dieser »Erfolge«), bringt sie die Kinder aus dem Badeort Nervi ins feuchte Ilowajskijsche Gut »Spasskoje«. Nadja weint, Van-der-Flass weint, und nicht nur er (besonders heftig weinte ein Mann mit großem rotem Bart, der nicht einmal in unserer Pension wohnte und auf den Nadja keinen einzigen Blick geworfen hatte), unsere Mutter weint, Assja und ich weinen, der sittsame Serjoscha weint aus Gehorsam gegenüber der Mutter *nicht*, schaut jedoch unentwegt aus der Equipage, blickt, wie es damals schien – auf Nervi, in Wirklichkeit aber – aufs Leben zurück.

Die Mutter. Eine Mutter für den Sohn, nicht für die Töchter. Möge mir ihr Schatten verzeihen und erkennen, daß ich vor allem und nach allem – nicht urteile. Es gibt so ein ukrainisches Märchen über die Mutter und die Taufpatin. Ein Mädchen geht nachts an der Kirche vorbei und sieht Licht brennen und tritt ein. Der Gottesdienst ist still, der Priester fremd, die Betenden sonderbar: einige hat sie lange nicht mehr gesehen, andere noch nie. Plötzlich berührt

jemand ihre Schulter. Sie dreht sich um: die Taufpatin selig. »Eile weg von hier, Mädelchen, denn wenn dich deine Mutter sieht – reißt sie dich in Stücke.« Doch zu spät: die Mutter hat die Tochter erblickt, und schon bahnt sie sich einen Weg durch die Menge. Das Mädchen fängt zu laufen an, die Mutter hinterher, so rennen sie über die leeren Felder (die Tochter auf der Erde, die Mutter über der Erde). Nebenher die Taufpatin, die läßt sich nicht unterkriegen, überhäuft die Mutter beim Laufen mit Kreuzzeichen, setzt sich mit allen Mitteln zur Wehr. Und endlich – das Ende. Der Dorfrand, das erste Haus. Die Hähne krähen. Sagt die Taufpatin zum Abschied: »Geh nie wieder in die Kirche, Mädelchen, wenn du nachts Licht brennen siehst. Da beten die nicht zur Ruhe gekommenen Seelen mit ihrem nicht zur Ruhe gekommenen Popen. Hättest du mich nicht geweckt, hätte dich deine leibliche Mutter verschlungen; seit ihrem Tod wetzt sie die Zähne für dich.«
Als ich dieses Märchen, wie immer in solchen Fällen, mir selber zur Erhellung weitererzählte und die Anwesenden fragte, was hier geschehe und warum, antwortete nur eine in der Runde, eine Frau, kategorisch: »Völlig klar. Eifersucht. Denn die Tochter ist eine Rivalin.« Posthume Eifersucht auf die Jugend, Eifersucht der Unglücklichen auf die Glückliche, der Toten auf die Lebende. Und, zurück zu A. A.: die nicht gestillten Leidenschaften der Toten, die *nie* gelebt hat. Denn A. A. hat nie gelebt. Heiratete als junge Schönheit den alten Ilowajskij, wegen des Geldes und Namens. Bekam an den Gürtel einen Schlüsselbund gehängt, um den Hals – ein Kreuz. Zuhause erzählte man sich, er sei grausam eifersüchtig gewesen. Der halsstarrige Alte liebte die Schöne. Ließ sie nie allein ausgehen, nur ein einziges Mal, mit einem seiner Anhänger, zu einem Ball, den er ihr

später das Leben lang vorwarf. Zu Unrecht. Denn sie war stolz und treu. (Zum Betrug, wie zu ihrer eigenen Schönheit, ließ sie sich einfach nicht herab. So seh ich sie vor mir mit einem Gesichtsausdruck, der die eigene Schönheit gleichsam mißachtet.) Dann kamen die Kinder. Die Kinder, die sogleich von ihr getrennt wurden durch das übliche Spalier der Ammen, Kinderfrauen, Bonnen, Gouvernanten und Lehrer. Ganz zu schweigen von der Wasserscheide zwischen dem elterlichen Obergeschoß und dem Untergeschoß der Kinder. Die Kinder lebten tatsächlich unter den Eltern, unterdrückt: der Boden, auf dem die Eltern mit ihren schweren Reichtümern, mit ihrer eigenen Schwere wohnten, war für die Kinder – oben, lastete also auf ihren Köpfen. Sie waren gleichsam Atlanten, die das Himmelsgewölbe mit seinen Himmelsbewohnern stützten. (Nicht umsonst hatte ihr »Untergeschoß« ein Gewölbe!) Und so überhoben sie sich. Doch zurück zur Erziehung: wie konnte man zu seinem Kind überhaupt vordringen? Wie sich durch diese ganze kriecherische und kompakte Masse hindurchzwängen? Das ging nur, wenn man eine *starke* Liebe hatte. Allerdings stellt sich die Frage: kann man überhaupt oder muß man überhaupt, und zwar unabänderlich, das Kind eines ungeliebten, vielleicht sogar unerträglichen Menschen lieben? Anna Karenina konnte es, doch es war ein Sohn, ein Sohn, ihr aus dem Gesicht geschnitten, ihr Sohn, ein Sohn-Ich, der Sohn ihres Herzens. Ein solcher Sohn war für A. A. das letzte Kind – Serjoscha, das Kind ihres Herzens und Leibes, *sie* selbst – lebendig und leibhaftig, hätte man sie nicht schon gleich zu Beginn ums Leben gebracht.

Es gibt keine physische Ähnlichkeit ohne eine seelische. Und wenn Serjoscha – die Sanftheit, Schüchternheit und

Zärtlichkeit in Person – seiner Mutter auf den ersten Blick entgegengesetzt schien, so deshalb, weil man ihn mit der Jetzigen statt mit der Damaligen verglich. Hatte sie denn nicht äußerste Demut bewiesen, als sie den Ungeliebten heiratete, sich ihm beugte und unterwarf? Desgleichen hätte ihr Sohn sich ohne Murren jener Person verbunden, auf die *sie* mit hochgezogener Braue hingewiesen hätte. Nur verkörperte Serjoscha, vom Leben unberührt, eine friedvolle Demut, während die ihre hart und gramvoll war.

Doch formte das Leben die Schöne allmählich um. Wenn man weiß, daß man nirgends hin kann und nie, beginnt man zu leben, wo man ist. So. Gewöhnt sich an die Kammer. Was anfänglich verrückt und gesetzwidrig schien, wird zum Maß aller Dinge. Der Gefängniswärter läßt sich durch den Gehorsam erweichen, gibt etwas nach, und es beginnt ein monströses, doch wirkliches Bündnis zwischen dem Gefangenen und seinem Wärter, zwischen der Ungeliebten und dem Ungeliebten, ein Prozeß, darin *sie* zu seinem Ebenbild umgeformt wird. Doch was heißt hier »Ebenbild«? In diesem Verhältnis zwischen einem Gelehrtengreis und einer nichtliebenden Schönen? Was konnte A. A. von D. I. »übernehmen«? Die Geschichte, das Werk seines Lebens? Nein, die Geschichte schrieb er selbst. Ideen? Solche waren ihr, wie jeder echten Frau, gleichgültig (sie wären es nicht gewesen, wenn – doch da dieses »wenn« fehlte . . .). Und so konnte sie – ich beende das müßige Fragen – von ihm nur Methoden übernehmen. Seine Methoden der Sparsamkeit, der Haushaltführung, der Kinderhaltung, der Sturheit usw. – Methoden, die bei ihr sogleich zu Gewohnheiten, ja Manien entarteten, denn es ist zweierlei, was sich in einem ganzen Land abspielt und was zu Hause, was im Buch und was im Leben. Ilowajskijs Fremdenhaß – übertragen auf eine deutsche Haushälterin, seine Theorie der staatlichen Kapitalakkumulation – auf die eigene Vorratskammer, der Domostroj als Theorie – auf die *lebenden* Kinder. Nein, da gibt's keinen Zweifel: Ilowajskij war zuhause ein Tyrann, jedoch ein ideeller Tyrann, d. h. nicht kleinlich. Ein für allemal, en bloc. Und eher ein Olympier als ein Tyrann: er ließ sich zu den Kindern gar nicht herab. A. A. jedoch, die nie aus dem Haus ging, mischte sich in alles ein, in jeden Schritt und jede Geste derselben, doch gerade weil sie sich in alles – nur oberflächlich – einmischte, drang sie in ihr Inneres nie wirklich ein. Der Unterschied zwischen dem sanktionierenden Papst und einem kämpferischen Mitglied der Gesellschaft Jesu. Mit einem Wort, zu Hause war A. A. seine rechte Hand, und die rechte Hand ist allemal stärker als der Kopf. »Junge Mädchen müssen auf Bälle gehen« – Ilowajskij. »Ja, aber nach der Heimkehr ihre Kleider auf den Bügel hängen« – A. A. (Übertrieben ausgedrückt *verseuchte* sie den Brunnen der Jugend ihrer Töchter.) »Junge Mädchen müssen mit Partnern tanzen, die ihren Eltern gefallen« – D. I. »Das heißt nicht mit Partnern tanzen, die *ihnen selbst* gefallen« – A. A. Der Akzent wurde vom Müssen aufs Nicht-Dürfen verlegt. Das physische Verbot wurde zum geistigen.

Weshalb? Weshalb und woher all diese Verbote? Weil man ihr selbst, vor nicht allzu langer Zeit, zu leben verboten hat, weil sie es sich selber in zorniger Aufwallung (vielleicht aus kalter Berechnung, doch in einer Aufwallung der Phantasie!) verboten hat, weil sie sich selber lebendig begraben hat im Haus beim Alten Pimen. Die Töchter, besonders die eine, wachsen zu Schönheiten heran. »Auch ich bin eine Schönheit gewesen.« Die Töchter wachsen fröhlich heran. »Auch ich habe gelacht.«

Unbewußt (ich unterstreiche es dreifach) hat sie sich für ihr eigenes verpfuschtes Leben an den Töchtern gerächt. Wenn, im vereinfachenden mythischen Jargon der Verwandtschaft und der Dienerschaft gesprochen, D. I. auf Kosten der Kinder gelebt hat, so hat A. A. sie »aufgefressen«. Nicht gegessen, nein. Sie ernährte sich nicht von ihren Säften, denn diese Säfte hätten ihr genützt, was aber nicht der Fall war; sie unterdrückte sie vielmehr mit harter Hand, gewährte ihnen keine Bewegungsfreiheit, damit ihre weiblichen Sprößlinge ebenfalls unglücklich würden. Manches Altern zehrt von der Jugend der Töchter und legt sich als Grabstein auf sie. Ich bin erstickt – so sollst auch du nicht atmen.
Monströs? Und eine solche Ehe – ist sie nicht monströs? Selber schuld! Aber wußte sie denn, worum es ging? Wußte sie überhaupt, was eine Ehe ist? Die Frauen von heute wissen es. Jene andern, vor fünfzig Jahren, flogen in diese Hölle wie die Schmetterlinge ins Licht – kopfvoran. Strauchelten hinein, wie in einen Graben. Woher soll man es wissen? Vielleicht waren auch gebieterische Eltern im Spiel, Drohungen und Überredungskünste *ihrer* Mutter? Ein vom Unglück verhärtetes Herz – das ist das Resultat. Doch weshalb sich an unschuldigen Kindern rächen? Ja wußte sie denn, daß sie sich rächte? Es war die wissende Natur in ihr, welche Rache, Vergeltung übte für ihr verletztes Ich. *Sie selbst* zog in aller Unschuld die Kinder auf. (Es ist bezeichnend und erhellend, daß das Leiden, an dem zwei von ihren drei Kindern starben, *ihr* Leiden, ihr Geschenk und Erbe war. Übrigens hatte auch D. I. in seiner Jugend Tuberkulose, doch wie weit lag diese Jugend zurück! Ob es sie jemals gegeben hat? Und schon sind wir bei einem neuen Mythos, dem Mythos der Eltern, die sich durch ihre Kinder vom Tod loskaufen . . .)

Die Mädchen wurden keineswegs gequält. O nein, es wurde ihnen viel erlaubt. Sie hatten prächtige Kleider, hatten Freundinnen, hatten die Brüder der Freundinnen, hatten Karten für Paraden sowie Logen fürs Ballett und, als Wichtigstes, die »lebenden Bilder« . . . Mit diesem Stichwort beschwöre ich eine Epoche. Den Beginn des 20. Jahrhunderts, die Zeit unmittelbar vor 1905. Noch tosten die Studentenunruhen wie ein rauschender Bach. »Pedell« war, wegen seines Gleichklangs mit »Pudel«, eines der ersten Worte, die ich in der Kindheit bewußt wahrnahm. Und vor all diesen Versammlungen nun, vor all diesen Fragen, Anfragen, furchtbaren Menschen und Ideen gab es einen Schild: die lebenden Bilder. Einen schwankenden Schild: eine ganze Wand von altem Stoff. Und hinter diesem . . .

Eine reglose Gruppe lebender Menschen, von grünem und himbeerrotem bengalischem Licht angestrahlt. Die Gruppe atmet nicht, das Lächeln auf den Gesichtern ist erstarrt, die Flamme zittert, erstarrt, die Flamme zittert, erlischt . . . Vorhang! Applaus. Die schöne Nadja, ein *Frühling* für jeden, der ihr begegnet, zur Allegorie des Frühlings erstarrt, mit bengalischer Röte auf ihren Pfirsichwangen. Eine lebende Schönheit, zur schlafenden Schönheit erstarrt. Eine Schönheit, schlafend unter den bebrillten – kurzsichtigen – weitsichtigen – tränenden – und Gott weiß was für welchen – Blicken der Greise, der Greise Helenas, der Greise Susannas, der siebzigjährigen Altersgenossen ihres Vaters . . . (Ich könnte Namen nennen, einige historische, doch wozu? Dies alles ist zum Mythos geworden . . .)

Und was hatten hier eigentlich die bärtigen Studenten und Dozenten zu suchen? (Von allen in der Gruppe war nur Serjoscha bartlos, er, der treue Partner bei Nadjas Metamorphosen: der Mai all ihrer Frühlinge, der Zarewitsch der schönen Mädchen.) Einen Zwicker kann man ablegen, doch einen Bart? Indes nahmen auch sie an den »Frühlingen« und »Pompadours« teil. Bärtige Marquisen! So was Widersinniges, dazu noch im Haus eines Historikers! Mag alles noch so traurig sein, ich kann einem Lächeln nicht widerstehen. Und noch heute, Jahrzehnte danach, schaudert mich beim Gedanken an dieses geballte Grauen: »lebende Bilder« – in einem Totenhaus, tote Bilder – aus lebenden Menschen gemacht.

Es gab lebende Bilder, es gab Ausfahrten und beaufsichtigte Tanzabende, die mir die Verzagtheit der ersten »Assemblées« in Erinnerung bringen. Doch die Mädchen zogen sich geschickt aus der Affäre. Das Leben zieht sich immer aus der Affäre. Zur Jugend um den Teetisch gesellte sich allmählich ein Kreis junger Freidenker (später waren es ausschließlich rechte Kadetten!). Die Kerzen des alten Hauses erzitterten hinter ihren sicheren Schilden beim ersten Lufthauch der »Ideen«. Welcher Ideen? Auch der Jude ist ein Mensch. Und besonders kühn: »Christus war schließlich auch ein Jude . . .« Es erklang ferner das schüchterne, selbst in seiner Schüchternheit noch furchterregende, bloß von seinem eigenen Klang erfüllte Wort »Freiheit«. Was für eine Freiheit? Jedwede. Freiheit wovon? Von allem und jedem. Und natürlich in erster Linie – von zuhause. Nein, nein, nicht von den Eltern. Die Eltern galten noch für unantastbar, für unanfechtbar. Und waren denn sie es, die unterdrückten? Nein, weder D. I. mit seiner Order des Früh-zu-Bett-Gehens und Früh-Aufstehens noch A. A. mit ihren Verweisen und sonstigen Weisen. Die Eltern waren ihrerseits *unterdrückt*; denn das Haus war es, das Haus selber, das bedrückte, durch all jene, die in ihm früher gelebt hatten, und zwar so, wie man heutzutage nicht mehr zu leben imstande ist (falls man es jemals war). Das Haus bedrückte durch seine dicken, festungsartigen Mauern, bedrückte durch seine tiefen Fensternischen, die wie für Gespenster gemacht schienen, bedrückte durch seine Türen, die weder offen noch geschlossen, sondern angelehnt waren, bedrückte durch seine Zimmerdecken, über denen nachts unermüdlich einer auf und ab ging, auf und ab, bedrückte durch seinen Garten, der sich ans Haus schmiegte und heimliche Spähblicke warf. O ja, vor allem durch den Garten, durch seine scheinbare Freiheit, in Wirklichkeit aber durch die Wachsamkeit seines schlaflosen Baumbestands, der so offensichtlich in die Vergangenheit reichte, durch diesen feuchten Garten feudalen Alters, dessen Tor ins Nichts führte. Vor allem aber bedrückte das Wort: Pimen. Wer war dieser Pimen? Was für ein Heiliger? Weshalb beschützte er niemanden? Weshalb ließ er von dreien nur einen, genauer eine *nicht* auf den Friedhof? Die »Freiheit« der Ilowajskij-Mädchen war die Freiheit von diesem schrecklichen Heiligen, der sie mit seinem Stock gleichsam ins Grab prügelte. Die Freiheit von diesem Wächter, der das Haus bewachte und sie selbst. (O, *Pimens* Sache war nur das *Haus*, das Haus zu beschützen ganz und gar, mit allem was es enthielt, sei es eine Kommode, ein Sarg, ein Sohn.) »Ausreißen vom Alten Pimen!« Sie wußten selber nicht, was sie sagten. (Einmal, nach einem solchen Ausbruch, Nadja: »Serjoscha und ich werden übrigens nicht lange hier leben. Das Haus bleibt für Olja.« Und Olja, gleichsam beleidigt wegen dieser Verfügung [gütigen Gabe!], zornig: »Dann spreng ich's in die Luft!« Doch Rußland mit *all seinen* Alten Pimens ging zuvor in die Luft.)

Die Unterdrückung der Eltern – sie existierte, aber sie war

vollstreckend: unfreiwillig. (Vergessen wir nicht, daß auch über Zeus – das Schicksal stand.) Die Unterdrückung rührte nicht von ihrer Gegenwart, sondern von einer Allgegenwart, einem Allüberallsein, das die Luft des Hauses erfüllte sowie dreißig Werst im Umkreis (für die nächsten dreißig Jahre!). »Und Deine Rechte wird mich erreichen« – das hieß keineswegs, A. A. habe über ihren Töchtern gethront und an ihnen herumgekrittelt (die Töchter waren für sie nur ein Teil des Haushalts, ebenso wie die Truhen), oder D. I. sei zu nicht festgesetzten Zeiten ins Zimmer getreten und habe sie bei etwas ertappt. Die Unterdrückung bestand darin, daß es nicht festgesetzte Zeiten gar nicht gab, nicht geben konnte, daß dieses Haus eine einzige, nicht enden wollende »Geschichtslektion« war, daß es allzu leicht war, dieser Unterdrückung physisch zu entgehen: sie zu umgehen. Es war dies, will man die Sache in ihrem wirklichen Ausmaß erfassen, eine Prüfung durch Vertrauen. Nein, das ist nicht das richtige Wort: die Eltern wären nicht einmal auf die Idee gekommen, daß man sie betrügen könnte. Ihr blinder Glaube (an die eigene unanfechtbare Wahrheit und Macht) machte den Kerker aus. Schlösser gab es keine. Übrigens ist schon lange bekannt, daß der Glaube ein Strick ist, stärker als jede Kette. Wenn man nun aber schon einen Vertrauenden nicht betrügen kann, wie erst einen, der nie zweifelt, nie den leisesten Verdacht hegt? Die Töchter waren wie die Mutter – aufrichtig und stolz. Das Haus beim Alten Pimen war trotz seiner lastenden Schwere von edler Gesinnung erfüllt. Nichts Kleinliches gab es in ihm. (»Bei uns war es schwer, aber bei uns war es nicht so kleinlich«, äußerte Olja I. über die Familie, zu der sie aus dem Alten Pimen umgezogen war.) Hier herrschte nicht die triviale Tragikomödie von Befehl und Betrug, der Kritteleien und

Kniffe, die – wie alles Triviale – immer ein gutes Ende nimmt. Das Haus beim Alten Pimen konnte kein gutes Ende nehmen. Deshalb auch hat es über mich eine solche Macht, weil es nicht weniger reinrassig-tragisch war als das Haus des Priamus. Weil über ihm – das Schicksal stand. Das Schicksal, das sich in der physischen Verborgenheit der elterlichen Unterdrückung, in ihrem physischen Olympiertum äußerte: oben, in der Helle, von wo ihre unsichtbaren Verordnungen wie Ströme in den Dämmer des Gartens, des Untergeschosses flossen. (Das einzige Haus übrigens in meiner russischen Erinnerung, in welchem die *Eltern* oben wohnten und die *Kinder* – unten. Sowohl im Trjochpruder Haus wie in allen ähnlichen Häusern gehörte den Kindern das enge, niedrige, doch warme und helle Obergeschoß, den Eltern das vornehme, geräumige, doch leere und kalte Parterre. Die Kinder flüchteten vor den Eltern hinauf. Hier aber wurden die Kinder von den Eltern in die Hölle verbannt, unter das feste *Gewölbe* . . . des Hades. Natürlich reichte der Stammbaum des Alten Pimen weiter zurück als derjenige des Adels.) (Uranus, Titanus . . .)
Doch mitunter, wenn ich dieses Bild vertiefe, erscheint mir D. I. nicht als Zeus, sondern als Hades, als Herrscher des unterirdischen Reiches.
Arme Nadja, die ihr ganzes Leben – mit Ausnahme eines einzigen italienischen Frühlings – beim Zählen der Granatapfelkerne, die ihr aufgezwungen wurden, im heimischen Hades verbringen mußte!
Und ihre arme Mutter, die bei der ganzen Granatapfelprüfung keinen einzigen Kern übrigließ und ewig im Hades blieb.
Und die arme W. D., die selbst jenseits der Schwelle des

väterlichen Reiches von Granathalsbändern umschlungen war ...

Und die arme, in ihrer Armut glückliche Olja, die sämtliche Reichtümer Plutos gegen ein Weizenkorn Erde, Liebe eintauschte.

Arm seid ihr, und arm bist du.

Zeus oder Hades – dieser Vater hielt und führte seine Kinder wie ein Olympier. Solche wie ihn kann man nicht richten. Es wird sie auch nicht mehr geben. *Gewesen sind sie.*

Doch es gab in ihm auch eine *nicht* olympische, *nicht* hadesartige Seite, ohne Lorbeeren und Granatäpfel – nur Asche und Staub. Es war der Bereich seines Hasses: seines Judenhasses. Ich habe noch nichts über das alttestamentliche, fanatische, *judäische* Herz Ilowajskijs gesagt. Doch was war sein Judenhaß anderes als der biblische, von Gott Sabaoth befohlene und von Moses zum Gesetz erhobene Haß der Rechtgläubigen auf die Andersgläubigen, dessen Relikt der Haß der Juden auf die Christen ist? Ilowajskij, der heiße Tränen über den aus der Ferne verstoßenen, nie gesehenen Enkel weinte, in dessen Adern jüdisches Blut floß (Oljas armer Sohn, dem nicht lange zu leben vergönnt war) – was war er anderes als ein fanatischer Jude, der einen Enkel beweint mit christlichem Blut? Und die Verwünschungen, die D. I. seinem letzten am Leben gebliebenen Kind, dieser Tochter, nachschickte, weil sie sein Geschlecht mit Jüdischem vermischte, waren es nicht die Verwünschungen jenes Fanatikers, der seiner Tochter vorwarf, sein Geschlecht mit einem Christen zu beschmutzen?

Sind sie nicht Zwillinge, Doppelgänger?

Diesen Judophoben und jenen Fanatiker verbindet ein Seil des Hasses, und diese sie verbindende *Ader* betrachten sie sich gegenseitig wie in einem Spiegel.

Doch ist der *Rechtgläubige*, wenn er haßt, im Recht, der orthodoxe Christ aber – ein Verbrecher.
Wenn D. I. überhaupt einen Gott gekannt hat, so war es ein alttestamentlicher, mörderischer, verderbenbringender Gott, ein Gott, der mit seinen Nüstern Trockenheit verbreitete und Heuschreckenschwärme an der Brust barg – *jener* Gott, nicht der unsre.
Und um dies alles mit einem Wort auszudrücken, das die damals siebzehnjährige Assja an Rosanow richtete, als Antwort auf eine seiner fanatisch-begeistert-verleumderischen Tiraden:
»Wassilij Wassiljewitsch! Auf Erden gibt's nur einen einzigen solchen Juden.« (Rosanow hebt die Brauen:) »?«
»Der sind *Sie*.«

Doch war Ilowajskij, so wie er sich an der Oberfläche des Jahrhunderts, des Ortes, des Alltags zeigte, nichts weniger als ein Despot. Nie hieß es »was mein linker Fuß will« (der, mit dem er gerade aufgestanden war!), immer befahl – der *Kopf*. Zwischen ihm und Großvater Bagrow gab es nichts Gemeinsames außer der unabänderlichen Schwere der Persönlichkeit und jenem in beider Leben einmaligen Fall, daß sie sich eines in ihre Obhut gegebenen einsamen und furchtlosen weiblichen Geschöpfs erbarmten. Einer neuen Art Frau: der einzigen. D. I. achtete meine Mutter offensichtlich, und sie, die in ihren Urteilen so leidenschaftlich und bedingungslos war, verurteilte ihn während meiner ganzen Kindheit nie, kein einziges Mal, mit keinem einzigen Wort. Seltsam an dieser Sympathie war, daß der Vater der ersten Frau Sympathie für die zweite hegte. Und diese zweite, die so sehr unter der ersten (dem Schatten der ersten!) litt, Sympathie für den Vater der ersten. In ihrem Wesen waren sie sich irgendwie entfernt ähnlich, paßten zueinander (wie das völlig unähnliche Paar Sofja Nikolajewna und Großvater Bagrow). Ich gehe noch weiter: gäbe es nicht das Gesetz, daß die Tochter eines pensionierten Gelehrten und Greises eine Schönheit und Sängerin (oder Tänzerin) sein muß, gäbe es nicht dieses Gesetz einer umgekehrten Vererbung, so hätte meine Mutter besser zu ihm als Tochter gepaßt als seine eigene, seine eigenen. Und so kam es, daß er, der weder in seiner Frau noch in seinen Töchtern Helferinnen gefunden hatte (und dies auch nie zugelassen hätte!), sich an der Helferin eines andern ergötzte, an der Frau, die seine geliebte Tochter im Herzen seines einzigen Freundes ersetzte. Meine Mutter jedoch, die als partielle, nichtsdestoweniger echte Germanin mehr als alles auf der Welt Schwierigkeiten liebte und die Arbeit achtete, konnte denjenigen nicht verurteilen, der sein Leben lang, ob freiwillig oder unfreiwillig, ob in der Arbeit oder im Leben, nichts anderes gekannt hatte. Hatte kennen wollen. Die gegenseitige Anerkennung der *Kräfte*. Hätte sie ihre Beziehung zu D. I. ausdrücken wollen, hätte sie es, glaube ich, mit diesen Worten getan: »*Das* entzieht sich jedem Urteil.« Und was ist *»das«*? Jene unmenschliche Einsamkeit, die das Blut in den Adern seiner eigenen Kinder erkalten ließ. Die unmenschliche Einsamkeit des Dienens.

Aber auch er verzieh ihr nicht wenig, verzieh ihr nicht nur ihr Wesen, das ihm in Wirklichkeit fremd war, verzieh ihr auch das, was ihm an ihr das Wesentlichste schien: ihre Judophilie, ihr ständiges (in Rußland wie im Ausland) Umgebensein von Juden, das sich weder durch ihre Herkunft (halb polnisch) noch durch ihr Milieu (sehr rechts) erklären ließ, sondern *einzig* durch Heinrich Heine, *einzig* durch Rubinstein, *einzig* durch das jüdische Genie und ihre weibliche Begeisterung, *einzig* durch ihren Verstand, *einzig* durch ihr Gewissen, ich wollte sagen *einzig* durch ihr Christentum, doch wenn ich mich an den Ausspruch »Da gibt es nicht mehr Hellenen und Juden« erinnere, so kann ich's nicht, denn die Juden *existierten* für sie und waren ihr lieber als die »Hellenen«, sowie durch den Oberton all dieser »einzig« (alle lassen sich gar nicht aufzählen!), durch das Leitmotiv *ihres* und *meines* Lebens – das Tolstojsche »Gegen den Strom!«, selbst wenn es um das eigene Blut ging, durch ein globales »Gegen jeden Stillstand« (auch denjenigen des Wassers).

Diese ihre Sympathie also, die für ihn völlig unverständlich und unannehmbar war, verzieh ihr Ilowajskij sofort, schweigend, so wie man einem geliebten Menschen einen angeborenen Fehler verzeiht, ein für allemal.

Als sie starb, grämte sich der Alte sehr. Ich erinnere mich an den Brief, den er uns nach Tarussa schrieb – unerschüttert zeigte sich nur die Handschrift. »Sie haben nicht nur einen nahestehenden Menschen, Sie haben einen großen Menschen verloren«, schrieb er an seinen einzigen Freund, meinen Vater. »Freunde gibt es viele, einen Freund in der Einzahl – nicht«, auch das war einer seiner griesgrämigen, schamhaften Aussprüche (meinem Vater gegenüber!). Diese Freundschaft, so glaube ich, gründete nicht auf gemeinsamen Ideen. Wenn mein Vater ein treuer Untertan war, so war er es, wie als Christ, passiv, aus Tradition, aus angeborener Demut, Nachsicht und Gleichgültigkeit: wegen seiner restlosen Beanspruchung durch etwas anderes: das einzige, das zählte. Und kann man denn jemanden einen »treuen Untertan« nennen, der seine Orden zwar trug, doch ausschließlich zu dem Zweck, sich für irgendeinen bei einer Versammlung festgenommenen Studenten zu verwenden, den er nie im Leben gesehen hatte. Oder »kirchlich religiös« einen Menschen, der aus dem Wunsch, seine Lieben nicht zu betrüben und – vor allem – aus seinem Tod kein »Ereignis« zu machen, als Sohn, Enkel und Urenkel eines Priesters (!) *ohne* Priester starb, obwohl er wußte, daß er im Sterben lag. Ein solcher »Monarchist« und »orthodoxer Christ« ist in erster Linie – ein Mensch. Und nichts als das. »Unter dem Himmel gibt's viel Platz für alle« – so lautete sein einzeiliger Bekenntnisspruch, den er uns Kindern bei jeder Gelegenheit beibrachte. Für Ilowajskij dagegen gab es und durfte es nichts geben außer seiner Liebe zu Rußland, die durch Fremdenhaß gekennzeichnet war, außer seiner Liebe zur Monarchie, die bis zur Verurteilung des Monarchen ging. Nein, diese Freundschaft ruhte vielmehr auf den teuren Toten. Es gibt nichts Beständigeres als eine Freundschaft – auf Knochen gebaut! Zwei alte Männer, die eine Familie verloren hatten. Alte Freunde richtet man nicht.

Ich sehe sie zu zweit, in dem niedrigen breiten Zimmer mit den vielen vielen einsamen Fenstern zum Garten. Über dem Türsturz Ilowajskijs Jagdhorn (er ging nie auf Jagd!), ein Jagdhorn, mit dem er Gäste und Kinder zu den Mahlzeiten rief, die Jugend durch die Stärke des Tons – die Stärke seiner Lungen – verblüffend. Das Rolandshorn des Historikers – nun für immer verstummt.

Assja und ich sind in Spasskoje, auch Krjukowo genannt nach der Haltestelle der Nikolajewsker Eisenbahn. In der Kindheit stellten wir uns das unbekannte Krjukowo als Haken vor, als eisernen Haken des Trödlers, aber auch als Krückstock, als Baba-Jaga, das heißt wiederum als Inbegriff des Alters. Von der Bahnstation fuhren wir mit einem Kremserwagen, einem Ding ohne Zukunft und Vergangenheit, fuhren die Ereignisse *hinab*, vorbei an schwarzen Fichten, die einem mit ihren zottig-weichen, nassen Pfoten ins Gesicht schlugen wie Weihwasserwedel. Ein breitangelegtes Gebäude, von der sumpfigen Ebene wie auf dem Handteller präsentiert. Das Haus betrat man durch den Garten, dem, was einst ein Garten gewesen war und es nie mehr sein wird. Im Innern Stille. Eine alte Welt. Das Gefühl, daß die Zimmer hier für sich allein leben, *weiterleben*, ohne zu bemerken, daß die Hälfte der Familie fehlt. Ohne die übriggebliebene Hälfte zu bemerken. So daß das seitliche Auftauchen von A. A., in einer grauen Schürze, mit einem Stapel Wäsche in der Hand, und das von D. I., der ihr auf den Fersen folgt, ebenfalls in Grau und mit einem weißen Stapel (von Zeitungen!), eher . . . unerwartet ist, eher . . . stört. Wir werden nie erfahren, wie sehr die Zimmer alter Häuser, die wir, ohne es zu bemerken, übergehen, uns ihrerseits nicht bemerken, uns, wie die Wellen eines alten Meeres, übergehen – durch *ihre* Fortbewegung. Die Wellen des Meeres und des Geschlechts, die nur selten, aus unhöflicher Laune, dem Ufer nach hundert Jahren unsern Ring, dem Urenkel unser Gesicht zurückgeben.

Assja und ich sitzen zuerst wie auf Nägeln, dann wie angenagelt auf dem Rand des kleinen Stoffdiwans, auf den uns A. A. gesetzt hat. A. A. sitzt, ebenfalls unbequem sowie herrisch, den Rücken gerade, als ob sie stünde, uns gegenüber auf einem harten Stuhl, eine Handarbeit in den Händen, zu denen (den Händen und der Handarbeit) sie sich nicht herabzulassen scheint. Zwischen den beiden alten Männern steht ein Kandelaber mit zwei Kerzen und mit grünen Blendschirmen, aus denen das Licht finster auf die

Gesichter fällt. – »Glauben Sie nicht, Iwan Wladimirowitsch . . .« – »Glauben Sie nicht, Dmitrij Iwanowitsch . . .« Doch was genau »I. W.« und »D. I.« glauben, hören wir nicht. Wir sitzen da, eingeschläfert vom Tonfall der beiden Alten, vom langweiligen Gesprächsstoff, und zugleich verzaubert – wie Vögel – von A. A.s fest auf uns gerichtetem Blick (einem fragenden? vergleichenden? nichtsehenden?), in welchem ich die wunderbaren Augen Serjoschas erkenne. Serjoscha war ihr lebendes Bildnis, und jetzt, nach seinem Tod, ist sie *seins*. Der gleiche angeboren-ironische Mund, die gleiche Fähigkeit, mit den Augen zu lachen (rire latent), ohne je loszulachen. Es war, als hätte der sterbende Sohn ihr seine Jugend vermacht, die nun leicht um ihre Mundwinkel spielte, als spielte sie Verstecken. An diesem Abend liebte ich A. A., und sie, als hätte sie es geahnt oder vielleicht weil ihr Herz nach dem Verlust der Kinder weicher geworden war, unterhielt sich mit uns voller Charme und wie mit ihresgleichen, obwohl wir ungebildete Waisen waren – sie, die Mutter ohne Kinder, mit uns, den Kindern ohne Mutter; sie lobte die Festigkeit unserer Schuhe, die Reinheit unserer französischen Aussprache, und taute am Schluß des Abends so auf, daß sie versprach, Assja die »Sonnenscheinkinder« und mir »Die Jugend von Katja und Warja Sonnenschein« zu schenken, Bücher, die irgendeine Verwandte von ihr geschrieben hatte. Das Erstaunlichste war, daß wir diese Bücher tatsächlich erhielten, jedes neu und mit der Widmung versehen: »In herzlicher Liebe von A. A.« So verwandelte sich der Sohn an diesem Abend in die Mutter.

. . . Der Tisch der Ilowajskijschen Jugend hatte auch ein ruhiges Ende. Es war dies das Himmelreich des kleinen »Cherubs« Serjoscha, eines Schwans inmitten der ihn umgebenden weißuniformierten konservativen Studenten, eines Sohns der Mutter inmitten der Muttersöhnchen. Hier gab es weder Streitereien noch Fragen. Hier war seit Anbeginn alles entschieden: im voraus entschieden. Serjoscha vertraute sich von Anfang an und als einziger Pimen an und stellte selbst im Sterben keine Fragen. Ein musterhafter Knirps in seinem kleinen Anzug, ein musterhafter Gymnasiast, ein musterhafter Student – widerlich? Ja, wäre nicht der unwiderstehliche Zauber seiner Augen, seines Lächelns, seiner Gewohnheiten gewesen, eines Anflugs von Schuld, von Ironie sich selbst und jenen gegenüber, die so ergeben an seine Wohlerzogenheit glaubten . . . Die Augen: etwas zusammengekniffen, leuchtend schwarz, in völliger Übereinstimmung mit dem Mund, der lächelte und in den Mundwinkeln ebenfalls zusammengekniffen schien – Augen, die gleichsam ununterbrochen und tapfer Abschied nahmen, zu Gast waren (nicht umsonst starb er im Gastzimmer!), Augen, älter als der, der mit ihnen schaute, Augen des Geschlechts, Augen des letzten Vertreters seines Geschlechts.

Ein stilles Mäuschen, ein Cherubchen, ein Muttersöhnchen, ein Altfrauendiener, ein Weißuniformierter, ein Erzreaktionär?

Nicht ein stilles Mäuschen, sondern ein Stiller, nicht ein Cherubchen, sondern ein Cherub, nicht ein Muttersöhnchen, sondern der Sohn der Mutter, nicht ein Diener alter Damen, sondern der Befolger des ältesten Gebots, nicht ein Weißuniformierter, sondern die Weiße selbst, nicht ein Erzreaktionär, sondern ein Hermelin.

Merkwürdig: dieser schöne Jüngling hatte eine gewisse Ähnlichkeit mit Pawel, trotz dessen Häßlichkeit, trotz seiner eigenen Schönheit. Pawel war das häßliche Extrem

jenes Typs, dessen positiv-schöner Pol Serjoscha war. Der Typ aber war der gleiche: sterblich. Gut sichtbare Nasenlöcher der um eine Spur zu kurzen, wie mit einer Schere gestutzten Nase, gut sichtbare Zähne, tiefe Augenhöhlen, Backenknochen. Als müßte der Tod kaum etwas wegnehmen (es geht nicht um die Magerkeit), kaum etwas verändern (modeler, formen), um sein eigenes Bild herzustellen. Solche Gesichter trifft man häufig bei Kindern an, genauer: viele Kinder haben ein solches Gesicht. (Kinder gibt es viele, dieses Gesicht aber nur einmal.) Viele Jungen. Unbedingt dunkeläugige. Ich appelliere an die mitfühlende (evokative) Phantasie des Lesers.
Wenn ich den Kopf immer tiefer und tiefer in die Vergangenheit stecke, wenn ich festzustellen, zu erhaschen versuche, wen ich in der frühesten Kindheit, in der Vor-Kindheit als ersten, als allerersten geliebt habe, und verzweifle, weil es vor diesem ersten (einer grünen Schauspielerin aus den »Lustigen Weibern von Windsor«) einen noch Früheren gegeben hat (die grüne Puppe in der Passage), und vor diesem *allerersten* einen noch *allerersteren* (die fremde Dame an den Patriarchenteichen) und so weiter und so weiter (nur in eine *andere* Weite!), und sich herausstellt, wie es beim Dichter heißt:

In so viel Augen ich geblickt
Daß ich vergessen ganz und gar,
Wann ich zum ersten Mal geliebt,
Wann *nicht* geliebt ich hab?

und ich mich in der befremdlichen Lage eines Menschen befinde, der von Geburt auf liebte, ja *vor* der Geburt schon: gleich mit dem Zweiten beginnend, vielleicht auch mit dem Hundertsten ... in der Lage einer Fortsetzung ohne Anfang, in der Lage einer Fortsetzung von vornherein ...

Doch ein Ende kann es für diese Satzperiode, wegen ihrer inneren Endlosigkeit, nicht geben.
Immerhin gibt es das Zeugnis meiner Mutter über meine stürmische Liebe zum dunkeläugigen und -häutigen Studenten Ajnalow, doch kann ich mich an diese Liebe nicht erinnern; und woher sollte meine Mutter gewußt haben, daß es die erste gewesen war, wie verbürgen, daß ich aus den Armen der Amme nicht schon in andere Arme strebte, *nicht* die ihren? (Da es nun einmal Dinge gibt, die nie enden, die immer sein werden – und das gibt es, und jedermann kennt sie –, muß es folgerichtig auch Dinge geben, die nie begonnen haben, die immer schon waren.) Doch jetzt, da ich mich so stark in Serjoscha einfühle, und nach der Rührung zu urteilen, die er, der *Heraufbeschworene*, in mir hervorruft, beginnt mir zu scheinen – ich streife den Rand der Gewißheit –, daß das erste lebende männliche Wesen, das ich geliebt habe, er gewesen ist.
Ich sehe mich als vierjähriges dickes Mädchen, das stundenlang völlig schweigsam neben Serjoscha stehen und zuschauen konnte, wie er, von der Oka bis hinauf zu unserer Datscha, mit dem Spaten Stufen in den steilen Abhang grub. Und als mich Augusta Iwanowna, verärgert über meine Beständigkeit und Standfestigkeit (ich tat keinen Schritt von Serjoschas jeweiliger Stufe), einmal fragte: »Was schaust du denn immer auf diese TREPPE? Is doch gar nix daran INTERESSANT!«, holte ich tief Luft und sagte: »Ich schaue auf seine blauen Hosen . . .« Ob sie blau gewesen sind? Ich weiß es nicht. Er war damals Gymnasiast, und Gymnasiasten trugen graue. Oder, im Sommer, solche aus ungebleichtem Leinen. Die Bläue der Oka? Der Liebe? Doch an das Wort und das Gefühl »blau« erinnere ich mich.

Doch da kommt mir noch etwas in den Sinn – von früher, von später? »Serjoscha und Nadja«, aber nicht die Ilowajskij-Geschwister, sondern jene andern, nicht Bruder Serjoscha und Schwester Nadja, sondern jene andern, anders. In der Beilage der »Niwa«. Gelesen? Gehört? Um der dunklen Nacht zu entfliehen, versammelte man sich bei uns in Tarussa, wie in allen solchen russischen Familien, im weißen Lichtkreis der Lampe (der Lampenfuß hatte den Umfang einer Bärentatze: der Bär klettert zu den Bienenstöcken hoch!), und jemand las vor. Manchmal »vergaß« man die Kinder. Ich erinnere mich nur an den Brand und das Grauen des Geheimnisses in der Brust, dort wo die Rippen sich teilen: niemandem etwas über Serjoscha und Nadja sagen ... Serjoscha und Nadja. Die Beilage der »Niwa«, der Anbruch des zwanzigsten Jahrhunderts.
Merkwürdig, daß ich gerade vom Alten Pimen die erste Lektion in Sachen Leichtsinn erhalten habe – eine Lektion, die allerdings ohne Wirkung blieb. Da ist sie, schwarz auf weiß, im himbeerroten Album Nadjas, das damals bei der Schwester Walerija zu Gast war.

Ich will dir, da ich Weile habe,
Rasch mal ein paar Zeilen schreiben.
Hör, was ich dir dringend rate –
Männern kein Vertrauen zeigen!

Du bist eine Frohnatur,
Hast ein Köpfchen voller Geigen.
Weine nicht und bleibe stur:
Männern kein Vertrauen zeigen!

Mögen sie dir Treue schwören
Oder gar zu Selbstmord neigen –

Sei's drum, laß dich nicht betören:
Männern kein Vertrauen zeigen!

Schenkst du ihnen nämlich Glauben,
Wirst du unter ihnen leiden:
Alles werden sie dir rauben –
Männern kein Vertrauen zeigen!

Ich sagte: Leichtsinn, obwohl man aufgrund des Inhalts Klugheit sagen müßte. Doch da mir weder das eine noch das andere in die Wiege gegeben worden war, blieb auch diese Lektion ohne Nutzen, und ich, ebenso wie Olja und die arme Nadja und wir alle, die wir waren, sind und sein werden, Amen – glaubte nicht an den »Unglauben«, glaubte jedem, der auf mich zukam.

Doch es geht nicht so sehr um mich als um den Ton der Epoche, der einem begabten und edelmütigen Mädchen diktierte, seiner selten begabten und durchgeistigten Schwester solche Verse ins Album zu schreiben.

Ich urteile nicht. Es ist harmlos. Harmlos wie »Einst vor dem Dreikönigsfest«, vor allem sind es die gleichen Mädchen! (»Wie heißen Sie? Er schaut und sagt: Agathon.«) Der ewige warnende Zuruf der einen Schwester an die andre (die Vertrauensvollere!): »Glaub nicht, er wird dich betrügen!« Es war dies nicht die Entartung jungfräulicher Unschuld (die unsterblich ist), sondern die Entartung einer ganzen Kultur, die mit Puschkin begann und im hintersten Album eines adligen Mädchens zu folgenden Versen (ich weiß nicht von wessen Hand) verkam:

Bin ich von meinem »Voyage« zurück,
So mach ich alsbald, Mesdames, Ihr Glück!

(Der Abschied Sobinows von der Moskauer Damenwelt, der Anbruch des zwanzigsten Jahrhunderts.)
Einmal in jener Zeit, ich war sieben, sagte Serjoscha zu mir: »Schreibst du mir deine Gedichte ab?« – »Gewiß, hol's der Teufel!« – »Was soll das: hol's der Teufel?« fragte er mit solcher Verwunderung, mit solcher Leidensmiene – trotz eines aufkeimenden Lächelns –, daß ich sogleich das Kinn in die eigene Brust stieß (warum nicht in seine?) und die vier vorderen »Schaufeln« in die Unterlippe grub. Ein seltsames Gefühl, das ich mir damals nicht zugetraut hätte, überkam mich: ich schämte mich vor Serjoscha (ich war sieben, er siebzehn), daß ich so war, wie ich war. Wie? Nämlich gesund (er war damals noch nicht krank), forsch, frech, mit schwarzen Nägeln. Ich schämte mich, wie ein Neger, meiner unüberwindlichen Schwärze. Ich erinnere mich, wieviel Mühe es mich kostete, das Zimmer zu betreten, in welchem er auf einem grünen Diwan, zwischen grünen Philodendren saß, in seiner himmelblauen Uniformjacke, zusammen mit andren Studenten, aber nicht solchen wie er, mit Studenten, die ebenfalls Uniformen trugen, aber nicht eine solche wie er. Wie mußte ich die Zähne zusammenbeißen, um diese ganze Parkettwüste zu durchqueren und ihm die Hand zu geben. – »Schreibst du noch immer Gedichte? Schreib nur, schreib!« Beim Klang dieser Stimme hätte ich am liebsten gleich losgeheult. Geheult und bereut, daß ich, böse und grob, der Gouvernante, die mich geneckt hatte, schon wieder die Büchse mit dem Zahnpulver ins Gesicht geschleudert hatte, während er so gütig zu mir war, so sanft ... Und je sanfter und gütiger er mich ausfragte, möglicherweise etwas ahnend und bestrebt, mich zu erheitern: »Nun lach schon, lach, du Griesgram!«, desto tiefer senkte ich den Kopf, aus dem die Tränen herausquellen

wollten, und sagte mit dem letzten Stimmrest: »Ich hole lieber das Heft, dann können Sie selber lesen . . .« Er war wohl der einzige Mensch in meiner ganzen Kindheit, der sich über meine Verse nicht lustig machte (die Mutter ärgerte sich über sie), der mich mit ihnen nicht in die Versuchung des Zorns führte, wie einen Stier mit dem roten Tuch . . . Vielleicht schrieb er selber Gedichte? Prosa schrieb er, das weiß ich. Mit zwölf Jahren (so berichtete meine Mutter als Augenzeugin) las er auf Drängen der Eltern an einem ihrer »Freitagstreffen« sein Stück »Mutter und Sohn«. Die handelnden Personen: »die Mutter – 20, der Sohn – 16«. Schallendes Gelächter, worauf der Autor, die Ursache nicht begreifend, wohl aber den Hohn, unwiderruflich in sein Kinderzimmer verschwand, aus dem selbst die Mutter ihn nicht mehr hervorzulocken vermochte.

Dabei vermochte die Mutter – alles. Mehr noch: er konnte nicht anders als die Mutter. Konnte nichts anderes als die Mutter. Ich glaube, daß sie wenig miteinander sprachen, sich vielmehr durch Blicke verständigten. Denn Worte sind immer gefährlich. Mit Worten hätte er ihr sagen müssen: »Mama, warum belästigst du Nadja? Mama, warum verdüsterst du unsere Kindheit? Mama, wir sterben bald.« Mit den Augen aber bekannte er bloß: »Ich liebe dich. Ich bin dein.«

Diese Liebe hieß bei der liberalen Jugend »Konservativismus«, so wie der eigene Selbsterhaltungstrieb als »politische Opposition« bezeichnet wurde. Es gibt seltsame Wörter (meist fremdländische!) für die einfachsten Dinge. Doch bis man zur Einfachheit gelangt . . .

Lieber Serjoscha, empfangen Sie mehr als ein Vierteljahrhundert danach meinen Dank im Namen jenes großköpfi-

gen, kurzgeschorenen, häßlichen, niemandem gefallenden Mädchens, dem Sie das Heft so sorgsam aus der Hand nahmen. Durch diese Geste haben Sie es mir – geschenkt.
Dank auch für die alte Welt, heute von allen, allen, allen verraten, vorab von jenen (Schuldlosen), die sie auferwecken möchten. Sie waren ihr reinster Spiegel.
Dank für die Treue zum Haus – sogar einem solchen.
Dank für die Mutter.

Nach Nervi begannen der Bruder und die Schwester zu sterben. Nicht sofort. Zu uns ins Ausland drang das Gerücht, der Vater habe sie nach Spasskoje gebracht. Er füttere sie dort mit Hafergrütze und zwinge sie, bei offenem Fenster zu schlafen. Die Mutter über den Brief gebeugt: »Nichts gegen Hafergrütze und offene Fenster, das sind nützliche Dinge, aber diese Feuchtigkeit. Spasskoje steht auf Sumpfboden . . . Wäre es nicht einfacher gewesen, auf die Krim zu fahren?« Doch auf die Krim (so lauteten vermutlich die Argumente des Alten Pimen) dürfen sie nicht allein, weil sich wieder jedermann in Nadja verlieben und am Ende irgendein Drecksgesindel den vorbildlichen Serjoscha umgarnen würde. Wenn aber die Mutter mitfahren müßte, so hieße das – alles liegenlassen. Alles heißt – das Haus. Das Haus heißt – die Truhen. Wem sollte man sie anvertrauen? Der kleinen deutschen Haushälterin? Die ist ja selber ein Küken, unfähig. Die kann nur mit erschrockenen blauen Augen, ohne zu zwinkern, starren, alle anstarren und besonders Serjoscha, der nicht einmal einer Mücke je etwas zuleide getan hat . . . Wie sollte sie mit dem betrügerischen Stubenmädchen, mit dem verschlagenen Hausmeister, mit der trunksüchtigen Köchin und deren Landsleuten und Verwandten fertig werden, mit dieser ganzen Räuberbande? Auf die Krim heißt außerdem – zwei Haushalte. Und wer wird dann an den professoralen Freitagstreffen bei D. I. Tee einschenken? Olja? Olja braucht selber eine Gouvernante, denn von allen dreien ist sie die Schlimmste, die Verschwiegenste und Starrsinnigste, wieder habe ich bei ihr Bor-Vaseline zur Wachstumsförderung der Brauen und Wimpern entdeckt, und sie ist nicht nur starrsinnig, sondern auch verschwenderisch, denn die Vaseline steht bei mir unter Verschluß, was bedeutet, daß *ihre* Vaseline neu ist. Und all diese Vaselinen und Wimpern dienen dazu, diesem – ach du lieber Himmel, wie hat man ihn bloß ins Haus lassen können? – R. zu gefallen. Was soll da die Krim . . .

Und am Abend, als Antwort auf diese Überlegungen, meint D. I. lakonisch: »Ich fahre mit ihnen nach Spasskoje. Frische Luft und Hafer – das ist das Wichtigste.«

Serjoscha starb zuerst. Um seinen Tod wußte er. Dieses unschuldige, in irdischen Dingen so unerfahrene Engelchen erwies sich in der letzten irdischen und ersten unirdischen Sache als Engel: wissend. Wie viele Sterbende habe ich, während der Krankheit meiner Mutter, in all den Beau-Rivages, Quisisanas (beinahe schon Grabkapellen!), an der Riviera, im Schwarzwald, in Jalta gesehen: Ärzte, die das letzte Fetzchen Lunge im strahlenden Glauben ausspuckten, daß es sich um eine »kleine Bronchitis« handle, Familienväter, die nicht auf die Idee kamen, von ihren Kindern Abschied zu nehmen, Jünglinge, die zwanzig Jahre im voraus das Programm für einen Abend festlegten, wolfähnliche Greise, die die bloße Möglichkeit der Möglichkeit wie rohes Fleisch zerfetzten (die Frauen, sogar die jüngsten, wußten unbedingt Bescheid), Schwerkranke, die um die Krankheit, um das alltägliche Sterben anderer Leute wußten, die ebensolche Symptome hatten, ja um die Nummer des Zimmers, wohin man den zum Tode Verurteilten brachte, oder, wie in Nervi, ins Haus gegenüber, auf einer eisernen Wendeltreppe, unter das Grabgewölbe der Nonnenhaube – dieser aber, ohne jede Sterbenserfahrung, denn er starb im Schoß der Familie, als erster und ohne je in einem Sanatorium gewesen zu sein, dieser ließ sich weder vom Versprechen der Krim noch von der eigenen Wangenröte, noch von jener besonderen Leichtigkeit des Körpers täuschen, die man so leicht für Stärke halten kann –, dieser verstand sofort und nahm es an. Alle seine irdischen Gedanken galten nur Nadja (über die er ebenfalls *Bescheid wußte*) – Nadja möglichst rasch wegzubringen, zu retten ... Alle seine übrigen Gedanken ruhten in Gott.

Und die Mutter? Die Mutter war in ihm, er starb mit ihr in seinem Innern, wie er mit seinem Herzen im Innern starb.

Nadja, die nicht mehr aufstand, verfolgte den Weggang des Bruders durch das hohe Fenster des Zimmers, in welchem sie jetzt lebte. Gestern noch war sie mit dem Blick dem Freund des Bruders gefolgt, der ihr gefiel und der wiederkommen würde, heute bereits folgte sie dem Bruder, den sie liebte und der nie wiederkommen würde. Dem sie selber nachfolgen würde. Nachfahren würde – über denselben Schnee, über dieselben Tannenzweige, auf denselben Schultern ... Sah ihn zum letzten Mal von oben, von weit oben, wie er auf dem Rücken lag, wie nie zuvor, auf eine neue Weise deutlich, auf eine hohe Weise fern – deutlich und verschwommen und nah und fern, wie auf dem Handteller im Abstand von einer Werst!, wie das eigene Gesicht auf dem Brunnengrund, sah zum letzten Mal das Gesicht Serjoschas, das, vom lasurblauen Kragen umrahmt, noch immer tapfer wirkte ... Lächeln ... Augenwimpern ...

Neben der grauäugigen geröteten Sterbenden, den Arm um die Schultern der Freundin gelegt, diese stützend, ja haltend – Wera Muromzewa, blond, mit Augen, die in der eigenen Farbe zu weinen schienen, mit einem Renaissanceköpfchen, das erstmals sein eigenes Gewicht zu erfahren schien, Wera Muromzewa, die nach Worten suchte und nichts fand außer Tränen. Unten, auf dem Schnee, eine schwarze einsame Gestalt: dieselbe deutsche Haushälterin, die sich immer so gefürchtet hatte, Serjoscha anzuschauen, und wenn sie es tat, mehr als Angst empfand. Man erlaubte ihr nicht, das Ende des Gottesdienstes abzuwarten, und auf den Friedhof ließ man sie auch nicht – das Haus muß bis zur Rückkehr aufgeräumt sein, und so räumt sie eilends auf, nicht nur das Haus, sondern auch den Hof – jene Zweige (damit der Hausmeister sie nicht zusammenkehre!). In den Händen hält sie einen ganzen Strauß dieser schwarzen, zottigen Zweige, die so sehr an jene in Spasskoje erinnern. Sie wird sie bis zu ihrem Todestag aufbewahren, für den Boden ihres eigenen Sargs, auf dem Boden ihres Haushälterinnenkoffers; als die Nadeln abfallen, sammelt sie sie in ein Säckchen ein, verschnürt das Säckchen mit dem Band einer Schokoladeschachtel, die ihr die jungen Ilowajskijs (das heißt auch *er*) am letzten Heiligabend geschenkt hatten. Heiligabend ... Fichtenzweig ...

Nadja, die einen Monat später starb, war von Gott ein schwerer Tod beschieden. Es bedarf keiner wissenschaftlichen Worte für eine so zeitlose Sache, wie sie der Tod eines jungen schönen Mädchens darstellt. Wie immer die Erscheinungen, die ihre Krankheit begleiteten, heißen mögen – die Qualen waren entsetzlich, und kein Arzt konnte sie

davon befreien. Ihr Tod war wohl auch deshalb schwerer als derjenige des Bruders, weil sie am Leben hing. So flehte sie nicht um ein rühmliches, schmerzloses Ende, sondern um das Leben, in welcher Form auch immer – nur leben wollte sie!
Was gab es Grausameres als diese Nadja, die im heißen Bett, mit heißer Hand einer Nonne heimlich Geld zusteckte, damit man in allen Klöstern Moskaus für ihre Gesundung bete. Sie starb im Februar, und man trug sie über denselben Schnee hinaus. Der halsstarrige Greis – er sah an diesem Tag zum ersten Mal wie ein Greis aus, dabei war er weit über siebzig – weinte beim Begräbnis. Nadja war, wie sie im Sarg lag, eine Schönheit, ein Dornröschen im lebenden Theater des Alten Pimen, nur schlief sie jetzt wirklich, mit dem gleichen – früher leicht boshaften, jetzt wissenden – Anflug eines Lächelns oder dem, was uns beim Betrachten von Schlafenden als Lächeln erscheint. »Ich habe nie etwas Schöneres gesehen«, erzählte der Vater, als er mit mir und Assja an schwarzen Fichten vorbeischritt, doch waren diese Fichten nicht feucht, sondern zitterten vor Hitze, und sie standen im Schwarzwald, nicht in Spasskoje (ich schließe die Augen, atme den Duft ein und höre, wie die Zweige zittern . . . Und alle sind sie gestorben, gestorben, gestorben . . .). »Mit offenem, kastanienbraunem, gelocktem Haar (sie starb qualvoll, man konnte sie nicht kämmen), das Gesicht rosa, das Lächeln . . .« Und in einem Tonfall, aus dem man hätte Entrüstung heraushören können, wäre er selber nicht die reinste Demut gewesen: »Solch eine Schönheit . . . Solch eine Schönheit . . .« Und plötzlich, mitten im Satz, mitten im Spaziergang: »Zeit zum Nachhausgehen. Sonst wird die Mutter ungeduldig.« (Meine Mutter starb ein Jahr später an derselben Krankheit.)

Hier muß ich eine sehr merkwürdige Begebenheit erzählen. Ich erzähle sie (die sich im Februar 1905 zutrug) zum ersten Mal. Ich erzähle sie deshalb, weil jene ganze Welt – die Welt der Ilowajskijs beim Alten Pimen und unsre Zwetajewsche am Trjochprudnyj, die Welt junger Schönheiten wie Nadja und diejenige einsamer Mädchen, wie ich eines war – zu Ende ist. Zu Ende nicht nur *meine* damalige Zeit, sondern die *ganze* damalige Zeit. Ich erzähle aus tiefer Schuldigkeit des Herzens.

Als ich im Pensionat in Freiburg durch einen Brief meines Vaters von Nadjas Tod erfuhr, war mein erstes Gefühl – das Schnurende ist plötzlich in meiner Hand geblieben. Mein zweites: einholen. Sie zurückholen auf der noch heißen Spur. Ja mehr noch: sie dahin zurückdrängen (wie die Tränen), woher sie gekommen ist. Tun, daß es soweit noch nicht sei. Ihr zuvorkommen. Sie an ihren früheren (lebendigen, *meinen*) Platz versetzen, mich vor sie hinstellen und sie nicht durchlassen. Meine erste Antwort auf diesen Schlag war: nichts als weg! Aber wohin? Der Nowodewitschi-Friedhof ist weit, und dort liegt sie nicht. Wo sie suchen? In Nervi natürlich, wo ich sie das letzte Mal gesehen hatte, vor dem Hintergrund der ligurischen Bucht, unter dem weißen, ausladenden Hut, der sich aus der verschwindenden Equipage beugte. Und schon bin ich, wie auf Befehl, in Nervi. Ich eile, im Rhythmus meines klopfenden Herzens, über die rebenüberwachsenen Pfade unseres Gartens mit all seinen Zitronen- und Mandarinenbäumen, deren Früchte einem den Kopf streifen, hinab zu meiner Namensvetterin »Marina«. (»Siehst du, was du für eine Berühmtheit bist! Überall steht dein Name geschrieben«, sagt Nadja lachend zu mir . . .), und von dort ins Haus, zuerst in das Zimmer, wo sie beide, Nadja und Serjoscha, husteten (wer war's, wessen Husten?), dann ins Eßzimmer, wo man an Neujahr Schiffchen mit Glückwünschen verteilte und *alle* dasselbe dachten, nur sie etwas anderes dachte, und nichts in Erfüllung ging!, dann weiter ins Klostergebäude, wo ich sie nicht entdecken kann, bloß entdecke, daß sie *nirgends* ist, und ich in der Sackgasse. Wo sollte ich sie suchen, um ihr zu sagen . . . Was? Nun eben das. Müde vom Raten verschob ich alles auf die Zeit vor dem Einschlafen und las noch einmal Vaters Brief: »Ich teile Euch eine traurige Nachricht mit. Gestern, am soundsovielten Februar, ist unter großen Qualen die arme Nadja gestorben . . .«

Ge-stor-ben. Heißt das, sie ist nirgends? Und damit beginnt meine hartnäckige Suche nach ihr – überall.

»Wohin gehst du?« – »Ich habe mein Taschentuch im Schlafsaal vergessen.« Ich stürme die Treppe hoch, renne durch den hallenden Korridor, flitze in die Kurven, als wollte ich mich von meinem eigenen Körper losreißen, meine Füße eilen voraus und sind dennoch zu langsam, stürze hinein . . . Ist sie hier? Sie weiß ja, daß alle unten sind. Aber da ist nichts außer dem Glanz des kühlen, von mir eigenhändig blankgeriebenen Waschbeckens, außer der kühlen Weiße des von mir glattgestrichenen Bettes in einer Reihe ebenso weißer und hoffnungslos leerer Betten. Warum bin ich nicht gleich auf die Idee gekommen, daß es hier zu hell ist? Daß man hier nur *sein* kann oder *nicht*-sein. Wo ist es denn jetzt dunkel? Es gibt einen einzigen dunklen, immer dunklen Ort, das Musikzimmer, es liegt ganz allein auf einem unbewohnten Stockwerk. Aber bis zur KLAVIERÜBUNG läßt man mich dort nicht hin. Wie soll ich die Stunden von drei bis sechs überstehen?

»Klavierüben, Marina.« Ich gehe absichtlich langsam hinaus, renne nicht mehr, renne auch nicht, als ich allein auf dem leeren Stockwerk bin, manipuliere mit äußerster Selbstbeherrschung, geschickt und präzis die schwer zu öffnende Tür (gebe ihr Gelegenheit, zu kommen . . .). Vorsichtig, um sie nicht zu verscheuchen, strecke ich den Kopf hinein, und nach dem Kopf lasse ich, wie einen zwielichtigen Fremden, den Körper folgen. (Was mich heute am meisten erstaunt: daß ich mich vor ihr nicht nur nicht fürchtete, vielmehr umgekehrt fürchtete, sie zu erschrecken.) Ich setze mich. Blicke nicht um mich. Öffne den Flügel. Hanon. Spiele ganz gewissenhaft die mir aufgetragenen Etüden, ohne die Dinge zu forcieren – die kommen von selbst (sie kommt von selbst). Doch als ich zur Invitation à la valse übergehe, hält es das Herz nicht mehr aus, und ohne das Spiel zu unterbrechen, stoße ich mit jedem Pedaldruck zuerst in Gedanken, dann flüsternd, dann halblaut »Nadja, Nadja, Nadja!« hervor . . . (Nie habe ich sie laut angerufen, angesprochen.)

»Das Mägdlein schläft – ihr Eltern, jammert nicht . . .« Welcher Gott hat der hölzernen Frl. Risky eingeflüstert, meiner Klasse gerade dieses Gedicht aufzugeben? Und hat nicht derselbe Gott der ärmlichen Frl. Annie eingeflüstert, mir Beethovens »Lied für Elise« aufzugeben . . .

Nadja hab ich nie mehr gesehen, sosehr ich sie auch aufforderte, anflehte, ihr nachstellte – an jeder Flurecke meinen Giraffenkopf nach jedem Geräusch, auch dem leisesten, ausstreckte; sosehr ich auch, bei unserm täglichen Spaziergang, auf der Lichtung wie ein lauernder Jagdhund reglos verharrte, wenn die andern Ball spielten; sosehr ich mich auch diebisch an die Wand zwischen den Kleiderschränken preßte, wo sie gleich vorbeikommen müßte; sosehr ich auch nach ihr Ausschau hielt durch den betörenden Weihrauchschleier inmitten von siebenhundertjährigen holzgeschnitzten törichten und nichttörichten Jungfrauen, und – noch eindringlicher, wobei ich mir fast die Augen ausguckte – hinter all den vielversprechenden Türvorhängen der FREMDENZIMMER ... Von der Schwelle des FREMDENZIMMERS, vom Bett des KRANKENZIMMERS aus suchte ich sie in allem, was sich bewegte, was Hoffnung verhieß – in jedem Schweigen, in jedem Klang – heimlich, heftig, mich selbst bestätigend, mich selbst verlierend ...

Nadja habe ich nie zu Gesicht bekommen.

Im Traum ist sie mir erschienen, das schon. Es war immer der gleiche Traum: ich komme, sie ist gerade fort, ich folge ihr – sie geht, ich rufe sie – sie dreht sich lächelnd um, geht aber weiter, ich versuche sie einzuholen – und kann es nicht.

Zeichen aber hat es gegeben. Auf einem Spaziergang etwa den Duft aus einem Blumengeschäft, der mit einem Mal die Blumenschlacht heraufbeschwor und sie selbst, blumengleich. Und eine Wolke, rot wie ihre Wangen. Geschwungen wie ihre Wangen. Und selbst der dünne Gerstenkaffee erinnerte, bevor man Milch dazugoß, an das Gold ihrer Augen. Zeichen hat es gegeben. Die Liebe findet sie immer. Alles war Zeichen.

Vielleicht geht aus meiner Erzählung das Wichtigste nicht hervor: meine Sehnsucht. So gestehe ich denn, daß diese Liebe – Sehnsucht war. Tödliche Sehnsucht. Todessehnsucht – der Begegnung willen. Ein ungeduldiges kindliches »Sofort!« Wenn es hier nicht möglich ist, dann eben nicht hier. Wenn es lebend nicht möglich ist, dann eben »sterben, um Nadja zu sehen«, so hieß das bei mir und war unumstößlicher als zwei mal zwei gibt vier, war ebenso unumstößlich wie das »Vater unser« und wäre im Schlaf meine Antwort gewesen auf die Frage, was ich mir am allermeisten wünsche. Und weiter? Weiter nichts, das ist alles. Sie sehen, sie anschauen. Und merkwürdigerweise dachte ich, die ich in der Einschätzung meines Äußeren so gnadenlos war, die ich mich in Anbetracht ihrer (Serjoschas und jeder) Schönheit so sehr meiner Häßlichkeit schämte, keinen Augenblick daran, Nadja, diese Schöne, könnte mich, die Häßliche und Kleine, nicht wollen. Als hätte ich schon damals Goethes Vers gekannt:

O LASST MICH SCHEINEN, BIS ICH WERDE

als hätte ich gewußt, daß ich dort *werden* würde wie meine Seele, das heißt wie Nadja, wenn aber *nicht*, wenn die alte Hülle bleiben sollte . . .

UND DIESE HIMMLISCHEN GESTALTEN
SIE FRAGEN NICHT NACH MANN UND WEIB

so schauen sie auch nicht auf Schönheit und Nichtschönheit . . . Als hätte ich schon *damals* gewußt, was ich heute so unzweifelhaft, unabänderlich, untilgbar und triumphierend weiß: daß ich dort das Verlorene zurückgewinnen werde. Und während die Leute ihr letztes Vorwissen mit naiven Redensarten über den Hund und den Löwen, über die Meise und den Storch, über den Maultiertreiber und den Zaren zum Ausdruck bringen, wußte ich, daß es für mich in *dieser* Liebe keine Rivalen geben wird.

Was ist das Wichtigste in der Liebe? Wissen und verbergen. Um den Geliebten wissen und verbergen, daß man ihn liebt. Das Verbergen (die Scham) verstärkt manchmal das Wissen (die Leidenschaft). Die Leidenschaft für das Geheimnis ist die Leidenschaft für die Evidenz. So war es auch bei mir. Es war mir unerträglich, über Nadja zu reden, und unerträglich, über sie nichts zu wissen. Aber noch unerträglicher, sie anzusprechen, als über sie nichts zu wissen. Ich lebte, wie ein schüchterner Bettler, von zufälligen Almosen, so wie später im Erwachsenenalter, während der Revolutionszeit – von musikalischen Almosen auf der Straße, nachts, unter irgendwelchen fremden Fenstern. (So »erhielt« ich einmal aus einem nächtlichen Fenster am Arbat Rachmaninow – von Rachmaninow selbst.) Ich lebte von zufälligen Hinweisen auf sie, ohne daß ich diese herausgefordert hätte. Im Gegenteil: sobald der Vater auf unsern ausgedehnten Waldspaziergängen (Mutter lag, lag, lag, es war ihr letzter Sommer, liegend, unter Fichten), sobald der Vater uns etwas von *ihr* zu erzählen begann, versuchte ich, durch eine indirekte, beiläufige, in Einzelheiten der Krankheit und von der Geliebten *weg*führende Frage mit einer unglaublichen, mir völlig uneigentümlichen Listigkeit abzulenken (das Glücksgewitter abzuwehren). So hab ich, als ich noch ganz klein war, am Morgen vor dem Weihnachtstag zu Gott gebetet, es möge am Abend noch kein Tannenbäumchen geben, obwohl ich es so irrwitzig erwartete, so völlig darauf hinlebte. So hab ich, bereits älter, jede Liebeserklärung schon beim ersten Wort durch einen Schlich oder ein Lächeln abgeschnitten, ihr Ende somit oft nie erfahren.

Was hat diese junge Tote aus dem fernen Nowodewitschi (*aus noch größerer Ferne!*) in den Schwarzwald gelockt, zu mir, dem kleinen Mädchen, das sie nur flüchtig gekannt hat? Jetzt sehe ich, daß *meine* Liebe *ihr* Wille gewesen war, daß *sie* zu mir kam, mir folgte über die pelzigen Kuppen des Schwarzwalds, daß *sie* mich still und eindringlich durch den

Schaum des dortigen Niagara rief – eines kleinen, kalten, tiefen und wilden Baches, der jäh hinabstürzte wie das Leben. *Sie* zwang mich, über sie zu schweigen, in Gegenwart aller, vorab der Mutter. *Sie* betrachtete mich aus jedem liebreizenden, glühenden Frauengesicht in den Sanatoriumssesseln. Sie zwang mich, meine Kurzsichtigkeit ausnutzend, mich in eine solche junge Kranke zu verlieben, und band mich durch den Wechsel von Ähnlichkeit und Unähnlichkeit, von Begeisterung und Ernüchterung, grob gesagt: durch den unausweichlichen Kontrast zu ihren Gunsten, noch stärker an sich. Eine Verliebtheit, die ich bei meiner damaligen und heutigen Aufrichtigkeit – bei meiner Furchtlosigkeit, die Dinge zu wissen und zu benennen – keinen Augenblick als Betrug empfand, höchstens als Unterschiebung, eine schmerzliche, und ob . . .
Ich möchte sogar behaupten, daß mir die junge Tote ihre unaufgebrauchte Wangenröte lieh, denn sobald jemand »Arme Nadja« sagte oder die Mutter, auf ihre Leidensgenossin (die nämliche!) schauend, meinte: »Ich fürchte, sie wird sterben wie Nadja«, schnellte ich nicht wie ein Pfeil vom Stuhl, sondern ging buchstäblich hoch, rannte bereits, »ein Buch«, »einen Stock zu holen«, im Bewußtsein, daß ich es eine Sekunde später schon nicht mehr könnte, daß ich weder die Kraft noch den Willen aufbrächte, die Röte zurückzuhalten: den Brand! Die Liebe sei blind? Nein, die Menschen sind ihr gegenüber blind! So hat nicht einmal die Mutter mein Geheimnis – das mir auf der Stirn geschrieben stand! – erraten, wenn sie nach meiner Rückkehr besorgt feststellen konnte: »Was du für plötzliche Anwandlungen hast! Mitten im Satz . . . Man erschrickt geradezu. Buch . . . Stock . . . Es brennt doch nicht!« Doch, es brennt.
. . . Weshalb hab ich nicht Serjoscha geliebt? Die reuevolle

Liebe meiner frühen Kindheit? Weshalb hab ich mich mit seinem Tod abgefunden, ihn angenommen – wie alle?
Weil Serjoscha sich selber damit abgefunden hatte, Nadja aber nicht.
Weil Serjoscha nicht mehr leben wollte, Nadja aber sehr.
Weil Serjoscha wirklich starb, Nadja aber nicht. Weil er mit allem, was er war, hinüberging, Nadja aber mit allem, was sie war, was in ihr *pulsierte*!, verbunden blieb, dablieb.
Und vielleicht auch deshalb, weil die Mutter um Serjoscha ohnehin schmerzlich trauerte, um Nadja jedoch keiner (das behaupte ich noch heute), keiner je getrauert hat wie ich.
Liebe Nadja, was hast du von mir gebraucht? Gedichte? Aber diese waren damals noch kindlich und außerdem auf deutsch ...
Weshalb bist du gerade mir gefolgt, vor mir erstanden, weshalb hast du mich ausgewählt unter all denen, die dich noch vor kurzem begleiteten und umringten?
Vielleicht hast du von dort, liebe Nadja, die ganze Zukunft erblickt und bist – indem du mir, dem kleinen Mädchen folgtest – *deinem Dichter* gefolgt, der dich nun, fast dreißig Jahre später, auferweckt?

D. I. Ilowajskij sah, genauer, hörte ich zum letzten Mal am Tag vor der Eröffnung des Museums Alexanders III., im Mai 1912, bei uns zuhause, zu nicht vereinbarter später Stunde. Ohne das Dienstmädchen abzuwarten, das auf der andern Hofseite wohnte und vermutlich schon schlief, öffnete Serjoscha Efron, mit dem ich seit kurzem verheiratet war, die Tür. Ein Knarren, ein Brummen, vernehmlich nur die Worte: »Also nicht zuhause?« Und als er den Salon betritt: »Gibt's keine Garderobe?« Schweigen, dann ein Hüsteln des Angeredeten. Darauf der Fragende mit mehr Nachdruck: »Gibt's keine Garderobe, möcht ich wissen? Bekommt man, frag ich, für das abgegebene Kleidungsstück keine Marke?« Ich werfe einen Blick aus dem Eßzimmer und sehe, wie Serjoscha, immer noch freundlich lächelnd, leicht zurückweicht vor dem unerschütterlich und mit der Leidenschaftslosigkeit des Schicksals auf ihn zusteuernden Pelzmantel, in dem ich (es ist Mai!) D. I. Ilowajskij ausmache. »Ist ein Biber (er schüttelt den Ärmel, der weit ist wie bei einem Priestergewand), mag ihn nicht (mit galliger Ironie) bei einem festlichen Anlaß verlieren! Das ist jetzt so Mode, schnell übern Arm geworfen und ›Seien Sie ohne Sorge‹, lächelnd, doch ohne Marke . . . Wer weiß, ob einer ein Diener ist oder ein verkleideter Räuber? Auf der Stirn steht's nicht geschrieben, und selbst wenn's dastünde, wär's eine Lüge. Nein, eine Nummer brauch ich, eine Nummer!« Hinterm Samowar hervor beobachte ich den Fortgang der Szene. Pause, und mit zusammengekniffenen Augen: »An Sie kann ich mich irgendwie nicht erinnern. In der Diele hab ich Sie für Andrjuscha gehalten, aber jetzt sehe ich: Sie sind es nicht, Sie sind noch größer und schlanker und (mißbilligend) wohl *noch* jünger als er . . .« – »Ich bin der Mann des Schwiegersohns . . . das heißt der Schwiegersohn der Tochter Marina . . . Ich wollte sagen: der Schwiegersohn von Iwan Wladimirowitsch. Der Mann.« Ilowajskij ungläubig: »Der Mann?« und leidenschaftlos: »Ahaaa . . . Dann richten Sie Iwan Wladimirowitsch bitte aus, junger Mann, daß sein Schwiegervater vom Alten Pimen da war, sich nach der Garderobe erkundigt hat.«

Dann ging er, der den eigenen Enkel mit dem fremden Schwiegersohn – einer Legende bereits, einem Gespenst! –

verwechselt hatte und nun mit seinem Bibermantel den Eichenboden kehrte, hinaus, durch den dämmrigen Salon, der in diesen wenigen Minuten ganz im Dunkel versunken war und einem Schneefeld glich, ging durch das Schneefeld seines wölfischen Geschicks, durch die knarrende Haustür, über den Bretterweg, durch die klappernde Pforte, beim letzten Dämmerschein an den ersten Straßenlaternen vorbei – nach Hause, zu seinem Schutzheiligen Pimen, zum Schutzheiligen aller Geschichtsschreiber Pimen, zum Alten Pimen an der Kleinen Dimitrowka, zur Kleinen Dimitrowka, zum Getöteten Dimitrij – in sein kinderloses, sterbendes, totes Haus.

Großer Gedankenstrich. Ein Gedankenstrich, der sich über sechs Jahre erstreckt: den ganzen Krieg und den Beginn der Revolution. Ein Gedankenstrich, der für Ilowajskij den Verlust seiner ganzen Welt bedeutete.
1918. Frühling. Es klopft an die Tür. Ein seltener Gast. Bruder Andrej, von dem ich kaum etwas weiß; ich kenne weder sein Leben noch seine Umgebung, noch seine Leiden und Freuden, nicht einmal seine Adresse, nichts, ich weiß nur, daß er uns, seine Halbschwestern, unvergleichlich viel mehr liebt als die eigene Schwester, auf der ganzen Welt – nur uns liebt.
»Marina! Lebt dieser Mieter immer noch bei dir, wie heißt er schon?« – »X.? Ja.« – »So sorge bitte dafür, daß man Großvater freiläßt.« – »Wie freiläßt?« – »Er sitzt bereits seit einer Woche im Gefängnis der Tscheka.« – »Weswegen?« – »Wegen seiner Ansichten. Sie kamen und verhafteten ihn. Verstießen gegen jeden Anstand.« – »Und wie alt ist er

jetzt?« – »Gott weiß ... So gegen hundert.« – »Wirklich wahr?« – »Auf jeden Fall neunzig.« – »Gut, ich will es versuchen.«
Spät am Abend wache ich beim Telefonapparat meines Mieters X., der noch funktioniert. Top-top-top-top – es kommt wer die Treppe hoch. Ich öffne. »Genrich Bernardowitsch!« – »Ja?« – »Eure Bolschewiken sind wirklich gut, verhaften hundertjährige Greise!« – »Was für Greise?« – »Meinen Großvater Ilowajskij.« – »Ilowajskij soll Ihr Großvater sein??« – »Ja.« – »Der Historiker?« – »Ja, natürlich.« – »Ich dachte, der sei längst gestorben.« – »Mitnichten.« – »Wie alt ist er denn?« – »Hundert.« – »Wie?« – Ich, bescheidener: »Achtundneunzig, Ehrenwort, er kann sich noch an Puschkin erinnern.« – »An Pusch-kin er-innern?!« – Und plötzlich von einem fiebrig-hysterischen Lachen geschüttelt: »Das ist ja ein Witz ... Ich ... ich soll den Historiker Ilowajskij ... Ich hab nach seinem Lehrbuch studiert, habe lauter Einser bekommen ...« – »*Er* ist unschuldig. Und Sie verstehen doch selbst, daß es unanständig, ja lächerlich ist – genauso, wie wenn man einen Kriegsveteranen von Borodino verhaftet hätte.« – »Ja (er denkt kurz und gründlich nach), das ist tatsächlich ... Erlauben Sie, ich rufe gleich an ...« Aus Taktgefühl entferne ich mich und höre, bereits auf der Treppe, den Namen Dserschinskijs, des einzigen Freundes von X. – »Genosse ... ein Mißverständnis ... Ilowajskij ... ja, ja, jener ... stellen Sie sich vor, er lebt noch ...«
Eine ganze Woche lang war X. in Sachen Ilowajskij unterwegs, er, der notorische Fußgänger – mit dem Auto! Eine ganze Woche lang stellte ich keine Fragen, denn ich glaubte nicht so sehr, als daß ich wußte. Und am siebten Tag, zur selben Nachtstunde – top-top-top-top (er nahm die Treppe

mit vier Sätzen) – tock-tock-tock: »Marina Iwanowna!« – »Ja.« – »Ich beglückwünsche Sie! Man hat Ihren Großvater freigelassen.« Er strahlt, doch das Gesicht ist zornig, auch die Stimme ist hell und zornig. »Aber wissen Sie, es war kein leichtes!« – Ich, schüchtern: »Danke, ich finde keine Worte, um . . .« – »Nicht nötig, es ist gern geschehen, das heißt eigentlich ungern, ich hätte ihn überhaupt *nicht*, aber . . . Ist er wirklich neunzig?« – »Ich, um mich wenigstens ein bißchen dankbar zu erweisen: »Achtundneunzig.« – »Und sieht aus wie sechzig. Auch die Stimme ist noch kräftig. Ja. Sie sagen, er erinnert sich an Napoleon?« – »An alles Mögliche! Vor allem – an Puschkin.« – X. kneift eine Sekunde lang die Augen zusammen: »Phantastisch!« – Ich, diese Sekunde ausnutzend: »Weshalb hat man ihn verhaftet?« – X., mit weit geöffneten Augen: »Wegen seiner deutschen Orientierung!« – Ich, aufrichtig erstaunt: »Aber er ist doch ein Kosake, es gibt sogar ein Kosakendorf ›Ilowajskij‹.« – »Ich habe nicht gesagt wegen seiner deutschen Herkunft – für uns spielt die Herkunft keine Rolle, wir sind (als legte er mir, Stück für Stück, fünf Zuckerwürfel in den Mund) In-ter-na-tio-nal –, ich habe gesagt ›Orientierung‹.« – Ich, vieldeutig: »Aha . . .« – »Er ist sehr, sehr munter für sein Alter. Und nicht nur für sein Alter.« – »Er ist noch vor kurzem Fahrrad gefahren. Hat ins Horn geblasen.« – »Ins Horn? Erzählen Sie! (Neugierig.) Wozu das?« – »Damit ihn alle hören. In Rolands Horn, Sie wissen schon, das historische. Und geritten ist er so lange, bis man ihm das Pferd wegnahm.« – *»Wir«*, schließt X. strahlend.

Am nächsten Morgen erscheint Andrej. »Ein toller Kerl, dieser dein X., Marina! Hat den Großvater freigelassen.« – »Ich weiß.« – »Er hat drei Wochen gesessen. Er flucht!« – »Hast du ihm auch gesagt, wer ihn freibekommen hat?« –

»Ach wo!« – »Schade, richte ihm unbedingt aus, daß ihn der Jude X. aus der Gefangenschaft befreit hat.« – »Hör auf, meine Liebe, wenn er das erfährt, geht er freiwillig ins Gefängnis zurück!«

Zurück ging er nicht – er trat selber ab. Aus einer Welt, wo irgendein Y. einen Ilowajskij einsperrt und irgendein X. ihn befreit, in jene andere Welt, an die er wohl sein Leben lang wenig gedacht hat, da er sich seit je und zur Gänze einer nicht weniger jenseitigen Welt verschrieben hatte: der vergangenen.

Ilowajskij starb 1919, in seinem 91. Lebensjahr, wie – weiß ich nicht, werde es kaum je erfahren, denn der einzige, der es mir hätte sagen können, sein einziger Enkel und mein einziger Bruder, Andrej, sank im April 1933 selber ins Grab, starb an der Pimenschen Erbkrankheit, er hatte seinen uralten Großvater nur um vierzehn Jahre überlebt. Ilowajskijs einzige Enkelin jedoch, meine Halbschwester Walerija, die eigentliche Erbin der Pimenschen Leidenschaften, vorab des Nichtverzeihens, kann meiner Mutter (gestorben 1906) bis heute nicht vergeben, daß sie den Platz *ihrer* Mutter (gestorben 1890) im Hause übernommen hatte, und haßt sie selbst in Assjas und meiner Stimme, in unsern Gesichtern, Gesten, ja *Buchstaben*!, haßt so, wie man nur etwas hassen kann, das *zweimal* auferstanden ist, haßt so, daß sie unfähig ist zu sehen oder, wenn sie sieht, sich satt zu sehen, diese Halbschwester Walerija also will mir verständlicherweise nichts verraten. Ich könnte von einer in ihrer Haßerfülltheit biblischen Szene am offenen Grab berichten, vom Haß der Schwester Walerija auf meine so sanfte Schwester Assja, in deren Armen Andrej gestorben ist. Aber solches gehört bereits in unsere Familienchronik.

Um die Erzählung über D. I. zu beenden: Ich weiß nur, daß

er beim Alten Pimen gestorben ist und bis zum letzten Tag gearbeitet hat. Und selbst wenn ich's nicht wüßte, wüßte ich es.
Zur Erinnerung an ihn trage ich immer ein Buch über meine Namensvetterin und teilweise Stammverwandte Marina bei mir, der zu Ehren mir Mutter diesen Namen gegeben hat.

Welcher Winter? Sie verschmelzen alle zu einem einzigen, zeitlosen. Auf jeden Fall war es ein Winter der »Springer«, überaus hoher Wesen in weißen Gewändern, die aus den weißen Schneewehen einsame Pelzmäntel überfielen und manchmal auch, unter dem Pelzmantel, ein Jackett, worauf der verspätete Fußgänger ein weißes Gewand, das überaus hohe Wesen, merklich geschrumpft, jedoch einen Pelzmantel trug. In diesem Winter der Springer also besuche ich mit der mittlerweile verstorbenen T. F. Skrjabina einige ihrer Musikerfreunde und erhasche gerade die Worte: »Ein ungewöhnlicher Greis! Steinhart! Kaum hatte er sich gesetzt, ließ eine unserer Untersuchungsrichterinnen fünf Bände des Gesetzbuches aus dem Gestell haarscharf an seinem Kopf vorbeisausen. Und als ich zu ihr sagte: ›Ida Grigorjewna, bitte etwas vorsichtiger, Sie bringen ihn ja noch um!‹, meinte er zu mir: ›Keine Sorge, gnädige Frau, den Tod fürchte ich nicht und die Bücher noch viel weniger – ich habe in meinem Leben einige mehr geschrieben.‹ Da beginnt das Verhör. Genosse N. packt den Stier gleich bei den Hörnern: ›Welches sind Ihre politischen Ansichten?‹ Der Angeklagte gedehnt: ›Meine po-li-ti-schen An-sichten?‹ N. denkt, der Greis sei schon völlig senil, er müsse einfacher vorgehen: ›Wie ist Ihr Verhältnis zu Lenin und Trozkij?‹ Der Angeklagte schweigt, wir glauben schon, er habe wieder nicht verstanden oder sei taub, da sagt er mit völligem Gleichmut: ›Zu Le-nin und Troz-kij? Nie gehört.‹ N. außer sich: ›Was heißt, nie gehört? Wo die ganze Welt nur denen zuhört! Was, zum Teufel, sind Sie – ein Monarchist, ein Kadett, ein Oktobrist?‹ Und der andere, schulmeisterlich: ›Haben Sie meine Werke gelesen? Ich war Monarchist, und ich bin Monarchist. Wie alt sind Sie, gnädiger Herr? Einunddreißig vielleicht? Ich aber einundneunzig. Im zehnten Jahrzehnt, mein Herr, ändert man sich nicht mehr.‹ Da fingen wir alle zu lachen an. Bravo, Alter! Hast dich würdig benommen!«

»Der Historiker Ilowajskij?«

»Ja, er. Wie haben Sie's erraten?«

»Und was glauben Sie, hat er von denen wirklich nie was gehört?«

»Ach wo! Natürlich hat er. Vielleicht glauben das die andern, ich nicht. In seinen Augen ist ein solches Feuer entbrannt, als er das sagte. Ganz blau!«

Die Erzählerin (eine ehemalige Untersuchungsrichterin der Tscheka), überwältigt von der Furchtlosigkeit des Großvaters und vieler anderer, weniger betagter Angeklagten, diese Untersuchungsrichterin also wurde schon bald, nachdem sie herausgefunden hatte, daß auch die Weißen Menschen waren, Angestellte eines volkskundlichen Museums, Spielzeugabteilung. Ihr Mann kam durch die Weißen um. Sie hatte einen großköpfigen, kahlgeschorenen, vierjährigen hungrigen Sohn . . .

Bleibt zu berichten über das Lebensende von A. A. Es war schrecklich. Nachdem sie alle verloren hatte (ihre letzte Tochter lebte im Ausland), blieb sie allein, mit all ihren Möbeln und Truhen in ein einziges Zimmer gepfercht – jenes halb unterirdische Zimmer, das einst Nadja gehört hatte, mit den Gewölben und den Fenstern auf den Garten hinaus. Rundherum herrschte eine neue Welt, vom ersten engen Kreis der einquartierten Mieter bis zum Horizont der neuen Ideen, bis zum riesigen, rot strahlenden Chaos der Revolution. Wie kam sie mit alldem zurecht? In erster Linie kämpfte sie dagegen an. Sie blieb, aber verteidigte. Was? Ihr Hab und Gut. Und rettete es. Um mitten in der Revolution – mit einem solchen Namen, in einem solchen Gericht – nicht nur einen, sondern gleich zwei Prozesse gegen einen solchen »Pächter« (so drückte sie sich anstandshalber aus) zu gewinnen, mußte man *sie* sein, d. h. nach den Worten einer ihr nahestehenden Person – ein Fanatiker des Eigentums.

Versuchen wir, ihren Tageslauf zu rekonstruieren, einunddenselben Tageslauf während elf revolutionären Wintern.

Aufstehen in der Kälte. (Nicht so schlimm, sogar gesund, sie schlief ja ihr Leben lang bei offenem Fenster.) Tee ohne Zucker (das wiegt schwer). Schwarzbrot (das *ist* schwer). Schlangestehen um Seife. (Nicht so schlimm, ich steh's durch. Halte durch und verteidige das Meine!) Und schon hat sie, während die Schlange amüsiert zustimmt (»eine risolute Bürgerin! da kommste nich hindurch!«), den »Pöbel« siegreich vertrieben und ein Stück nichtschäumender Seife in der Hand. Nachhause, essen. Sie ißt wenig, das hat sie gelernt. (Nur schade, daß es keinen Hafer gibt! Als hätte sie ihr Leben mit dem von D. I. vereint, um mit ihm Hafer zu essen. Diese Assoziation hat etwas rührend Pferdisches . . .). Nach dem Essen – Wühlen in den Truhen. Ich sehe sie auf den Knien, wie sie mit ihrem immer noch hochmütigen Köpfchen einer Marquise den eisenbeschlagenen Truhendeckel stützt. Der Kopf schmerzt. Aber das macht nichts, die eigene Bürde drückt nicht! Ganze Bahnen von Wolltuch, Leinen, Cheviot, bedrucktem Moiré, Atlas . . . Von alldem mich trennen? Mich losreißen? Beim Gedanken, daß dies einst Schurken tragen werden. Schurkinnen! Einer Schurkin wegen knie ich da . . .

Der Smolensker Markt. Eine ältere Dame in einem Pelzmantel mit Puffärmeln und hochhackigen, spitzigen Schuhen. Unter der weißen kaukasischen Wollkapuze (sie stammt noch von Serjoscha) blicken schwarze, gnadenlose Augen hervor. Sie bietet die Ware nicht an, streckt sie einem nicht über die andere herabhängende Hand entgegen – sie offenbart sie. Wortlos. Die Ware spricht für sich. – »Wieviel?« – »Soviel.« – »Was willst du mich, Tantchen . . . (unter ihrem durchdringenden Blick) – was wollen Sie mich, Bürgerin . . . (ihren Blick nicht ertragend) – entschuldigen Sie, Madame . . . Wollen Sie einen Bürger unglücklich machen . . . Wollen Sie? (Eine Zahl.)« – »Nein«, wie Krachen von Eis. Wie sollte sie *diesem* auch nur eine Kopeke pro Arschin nachlassen, wo sie ihren eigenen jungen Leidenschaften, ihren eigenen Kindern nie nachgegeben hat. Nichts erlassen hat – niemandem, nie. Und so drückt ihr der Bürger, unter dem doppelten Druck ihres unguten Blicks und der guten Ware, die Scheine in die Hand und sich selbst die Arschine untern Arm. Da stehen sie und prüfen, jeder das Seine, und bieten in ihrer schamlosen Offenheit ein Bild völliger Gleichheit.

Nachhause, in die Höhle, mit einer Handvoll in Papier eingewickeltem Würfelzucker, mit einem Weißbrot, das sie

aber nicht unterm Arm trägt, sondern auf dem Boden eines englischen Köfferchens aus Schweinsleder verstaut.
Ein Brief nach dem andern von der Tochter. Diese besteht darauf, daß sie ins Ausland nachkomme. Aber wie sich von den Dingen trennen? Mitnehmen? Alles geht nicht. Verkaufen? Beim bloßen Gedanken überläuft es sie kalt. Wie ohne dies alles leben, allein, ohne die Nachhut der Truhen, Körbe, Säcke, Bündel? Manchmal schickt sie etwas an die darbende Tochter: mal ein paar englische Pfund von einem guten Verkauf am Smolensker Markt, mal ein Seidenkleid gris-perle, aus dessen bloßer Schleife sich die Kleine in Serbien ein ganzes Kleid näht.
Jemand schreibt 1927 aus Moskau an die Tochter:
»Mamas Situation ist entsetzlich – ein einziges Zimmer, vollgestopft mit Sachen, und Tag und Nacht brennt Licht . . .«
Tagsüber – wegen dem Strauch, der mit seiner Schnee- oder Blätterlast das Licht verhüllt.
Nachts – wegen den Gedanken.
So war es bis 1929.

Januar, Nacht. A. A. bereitet sich zum Schlafen vor. Das Licht brennt – dasselbe, das auch tagsüber brennt: oben, weiß, gleichmäßig. Hinter dem Fenster der erstarrte Garten. Direkt unter dem Fenster – so hoch wie der eichene Fensterladen – der erfrorene Fliederbusch, gleich einem Wachposten.
Sie zieht den karierten Rock aus, den gehäkelten Unterrock, das Mieder mit den zwölf Knöpfen (der vierte hängt nur noch an einem Faden, man muß ihn befestigen), sie

lockert die Schnürbänder, schichtet alle Sachen geschickt zu einem Haufen. Im bloßen Hemd bahnt sie sich einen Weg durch das Gedränge der Truhen, hebt einen glockenförmigen Deckel hoch, unter dem eine Marmorplatte zum Vorschein kommt, legt einen Schwamm unter den dünnen Wasserstrahl. Sie zieht die Bettjacke an, nimmt eine Nadel und fädelt den Faden ein. Als sie die Haarnadeln entfernt hat, bürstet sie das Haar, bis es glänzt. Flicht es zu einem Zopf. Auf den Zehenspitzen betet sie vor dem Öllämpchen »Unser tägliches Brot« und »Ewige Ruhe«.
Ein Klopfen. Der Strauch klopft mit einem erfrorenen Zweig an den Fensterladen, wie mit einem erfrorenen Finger. Tatsächlich wie mit einem Finger: mit dem zweiten, gebogenen Fingergelenk. Einmal – ein zweites Mal. Und was ist, wenn . . . Ein drittes Mal. Und schleicht sich davon. A. A. kaltblütig: die Nerven. Doch um sich zu vergewissern, zwängt sie sich zwischen den scharfen Kanten der Truhen hindurch, kniet auf die noch immer nicht weggeräumten Stapel des »Kreml« und preßt die Stirn an den Fensterrahmen. Nichts. Die taube Wand der Läden. Die abstoßende Kälte der gefrorenen Scheiben.
Und wovor sich fürchten in einem solchen Haus? Mit so vielen Bewohnern? So zahlreich die Bewohner, so zahlreich die Revolver. Hinter solchen Läden? Mit einem solchen Hausmeister? Und wer schon sollte einen nachts erschrecken, und wozu? (In diesem Augenblick vergaß A. A., daß man nicht nur klopft, um jemanden zu erschrecken, sondern auch, um ihn zu warnen. Und wäre sie jetzt, wie sie es im Moment der größten Erregung hatte tun wollen, hinausgegangen, hätte sie vielleicht statt etwas Schrecklichem etwas Vertrautes erblickt – hellbraune Augen in der Schwärze der Nacht!, eine Gestalt, die sich nicht auf dem

Boden davonstahl, sondern aufrecht vom Fenster entfernte. Und selbst wenn sie niemanden und nichts gesehen hätte außer dem sich anschmiegenden Fliederbusch, hätte jemand – in Ermangelung anderer Möglichkeiten – sie durch das Klopfen mit einem Zweig warnen können . . .)
Nachdem sie Mut gefaßt hat, legt sie sich ins eiskalte Bett. Schließt die Augen, das Licht löscht sie *nicht*. Das Licht brennt, dasselbe wie am Tag, ebenso wie am Tag: gleichmäßig, leblos. Unter den geschlossenen Lidern das Gesicht des Soldaten vom Markt, dem sie gestern den Brokat verkauft hat. (Den, der einst für Nadjas Bojarenkostüm vorgesehen war.) Junges, bartloses Gesicht. »Bolschewistische« Haarsträhnen in der Stirn. Nur schade, daß sie für den Arschin nicht mehr verlangt hat, ein guter Brokat, er hätte mehr geben können . . .
Und der Sohn? Hat sie ihn vergessen? Nein. (Heute, als sie den Garten vom Schnee freischaufelte, streifte sie mit der Schaufel den Strauch: er klang wie ein Kranz. Am Jahrestag darf sie nicht vergessen, den porzellanenen wegzuräumen: alle Blumen sind abgefallen, übrig ist nur noch der Draht . . .) Doch hinunter auf den eigentlichen *Grund*, dorthin, wo er, er ganz allein, ruht, läßt sie sich nie. Sonst könnte sie nicht mehr leben. Leben aber muß man. Wozu? Und die Truhen? Wer soll denn das alles bekommen: das Nichtgetragene, Nichtberührte, Nichtgenähte, während Jahrzehnten Gehortete und gehortet bis zum heutigen Tag. Die Tochter ist weit . . . Also diesen da lassen? All denen?! Nein, leben muß man, alles aufbrauchen, damit nichts übrigbleibt, keinem etwas zufällt. Niemandem. Nichts.
Sie schläft.
Das Unglück kam nicht durchs Fenster. Das Unglück kam durch die Tür. Klopfen. A. A. schläft. Ein zweites Klopfen,

hastig. – »Wer ist da?« – »Iwan, der Hausmeister. Alexandra Alexandrowna, eine wichtige Angelegenheit.« – »Was für eine Angelegenheit? Morgen!« – »Nein, es ist dringend, entschuldigen Sie bitte die Störung, es dauert nicht lang.« – »Warte mal, ich mach gleich auf und lege mich wieder hin.« . . . Er kommt herein. Steht schweigend da. Das sind nicht seine Augen. A. A. herrisch und nervös: »Nun?« Und mit ermattender Stimme: »Nun, was ist?« Und er, zur Tür gewandt: »Rein, Jungens.«

Als hätte das alte Haus nur darauf gewartet.

Sie kamen als Bande. Kamen, um Millionen zu holen, und fanden bloß 64 Rubel und etwas Kleingeld. Das »Hab und Gut« rührten sie nicht an – Lumpen. Flohen in den Kaukasus, wurden verfolgt, ergriffen, verurteilt, einige – erschossen.
Das Haus beim Alten Pimen endete in einem doppelten Blutbad.

Ich schließe mit einem Satz aus den gleichnamigen Erinnerungen von Wera Muromzewa, mit deren Namen ich meine eigenen begonnen habe:
»Heute befindet sich in der Pfarrkirche des Alten Pimen ein Komsomolklub.«

August-Oktober 1933

Anmerkungen

Alle Texte wurden nach folgender Ausgabe übersetzt: Marina Cvetaeva: *Izbrannaja proza v dvuch tomach, 1917-1937*, tom vtoroj, Russica Publishers, Inc., New York 1979

In KAPITÄLCHEN gesetzte Wörter sind im russischen Original deutsch.

Mutter und die Musik (Mat' i muzyka)

Zuerst erschienen in der Zeitschrift *Sovremennye zapiski*, Paris 1935, No. 57

S. 7 *Sans Famille* – 1878 erschienenes, zum Klassiker gewordenes Kinderbuch von Hector-Henri Malot (1830-1907).
do – russ. Präposition mit der Bedeutung »vor«.

S. 12 *Possart* – Ernst Possart (1841-1921), Schauspieler und Dirigent, bekannt für seine Wagner-Aufführungen.
Alle Noten – ungenaues Zitat aus Z.s Gedicht »Stunde des Herzens« (Čas duši, 14. Aug. 1923).

S. 13 *Poem* – »Najade« (Najada, 1930 unter dem Titel »Nereida« erschienen).
Jane Eyres – Jane Eyre, Titelheldin des populären Romans von Charlotte Brontë (1847).
Anton Goremykas – Anton Goremyka, Titelheld des 1847 erschienenen Bauernromans von Dmitrij W. Grigorowitsch (1822-1899).

S. 16 *»Glut in einem Tale Daghestans«* – unvollständiges Zitat der Anfangszeile von Michail Lermontows Gedicht »Der Traum« (Son, 1841).
Oka – Nebenfluß der Wolga. An der Oka liegt die Stadt Tarussa, wo die Zwetajews in einer Datscha die Sommermonate verbrachten.

S. 17 *Elefantenbein* – wörtliche Übersetzung des russ. Ausdrucks für Elfenbein (slonovaja kost').

S. 18 *Strahov* – ehemaliges Klosterstift auf dem Prager Hradschin.

Sophie Comtesse de Ségur – franz. Schriftstellerin russ. Herkunft (1799-1874), erfolgreiche Jugendbuchautorin.

S. 19 *Nicolò Paganini* – italien. Violinvirtuose (1782-1840).

Pablo Sarasate – spanischer Geiger (1844-1908), einer der gefeiertsten Geiger seiner Zeit.

Oheim Kühlborn – der Wasserfürst im romant. Zaubermärchen »Undine« von Friedrich de La Motte-Fouqué (1777-1843), 1845 von Albert Lortzing vertont.

der kühle Born des Vergessens – Verse aus Alexander Puschkins Gedicht »Drei Quellen« (Tri ključa, 1827).

S. 20 *Schaljapin* – Fjodor I. Schaljapin (1873-1938), berühmter russ. Sänger (Bassist).

S. 21 *Caesars Tod* – vermutlich eine Kopie des Gemäldes von V. Camuccini (1793); Z. erwähnt es auch in ihrem Essay »Mein Puschkin« (Moj Puškin).

S. 22 *Gott beschütze den Zaren* – Nationalhymne des zaristischen Rußland.

S. 23 *Ekkehard* – 1855 entstandener Roman von Josef Victor Scheffel (1826-1886).

S. 24 *Der blinde Musikant* – Erzählung von Wladimir Korolenko (1853-1921).

S. 27 *Das Auge sieht's* – Zitat aus Iwan A. Krylows Fabel »Der Fuchs und die Traube« (Lisica i vinograd).

Nuvellist – musikalische Monatszeitschrift (1840 gegründet), veröffentlichte Kompositionen von Glinka, Tschaikowskij, Dargomyschskij u. a. sowie musikpädagogische Studien.

S. 28 *Balmont* – Konstantin D. Balmont (1867-1952), bedeutender Dichter des russ. Symbolismus, mit dem Z. vor allem in Paris Kontakt pflegte.

Es steht ein Zauberschloß – Romanze von Michail Glinka (1804-1857) unter dem Titel »Nächtlicher Stern« (Severnaja zvezda, 1839).

im unsterblichen Epos der Sigrid Undset – es handelt sich um die Romantrilogie »Kristin Lavranstochter« (1920 bis 22), die Z. in Paris zu ihren Lieblingsbüchern zählte.

S. 29 *Swjatopolk Mirskij* – Dmitrij S. Mirskij (1890-1939), russ. Literaturkritiker und Historiker; gab mit Sergej Efron u. a. die Pariser Emigrantenzeitschrift »Wersten« (Versty) heraus; M. trat zunächst als Kritiker der Z. auf, wurde in der Folge jedoch zu einem ihrer verständnisvollsten Interpreten.

S. 31 *Lebert und Stark* – Lebert und Stark waren Verfasser populärer Klavierschulen.

S. 40 *Fet* – Afanassij A. Fet (1820-1892), russ. Lyriker; übte mit seiner Natur- und Liebeslyrik einen nachhaltigen Einfluß auf die Symbolisten aus. Die zitierte Verszeile stammt aus Fets Gedicht »Es schien die Nacht« (Sijala noč', 2. Aug. 1877).

S. 43 *Warum* – Klavierstück No. 3 aus Robert Schumanns Fantasiestücken op. 12 (1837).

Der Teufel (Čort)

Zuerst erschienen in der Zeitschrift *Sovremennye zapiski*, Paris 1935, No. 59.

S. 50 *Und am aufgedunsenen Körper . . .* – Zeilen aus dem Gedicht »Der Ertrunkene« (Utoplennik, 1828) von Alexander Puschkin.

S. 53 *Die Mädchen von Luchmanowa . . .* – populäre Jugendbücher. Die bekannteste der aufgezählten Autoren war Jewgenija Tur (eigentl. Jelisaweta Wassiljewna Salhias de Tournemir, 1815-1892), eine Roman- und

Jugendbuchschriftstellerin mit feministischem Engagement.
Zeitschrift »Quelle« – illustriertes Kinderjournal, erschien von 1882 bis 1916.

S. 54 *Eugen Onegin, Maseppa ...* – Werke von Alexander Puschkin.

S. 55 *Blasses, brünettes Gesicht* – vermutlich Anspielung auf Michail A. Wrjublows (1856-1910) Illustrationen zu Michail Lermontows Poem »Dämon«, »Kopf des Dämons« (1890-91).

S. 60 *Revolutionär »Tiger«* – Spitzname für Wladislaw A. Kobyljanskij, einen politischen Aktivisten und Freund der Zwetajews.
Mais qu'as-tu donc – frz. »Was hast du nur? Du bist ja weiß! Was hast du gesehen?« – »Ihn.«

S. 65 *Saint-Antoine de Padoue* – frz. »Heiliger Antonius von Padua, finde mir, was ich verloren habe.«

S. 66 *Mais, petite Slave* – frz. »Aber das ist doch, meine kleine Slavin, eine der banalsten Versuchungen des Teufels.«

S. 74 *König von Thule* – Ballade von Johann Wolfgang Goethe.

Die Kirillstöchter (Kirillovny)

Zuerst erschienen unter dem Titel »Die Geißlerinnen« (Chlystovki) in der Zeitschrift *Vstreči*, Paris 1934, No. 6. Der Titel »Die Kirillstöchter« folgt der Publikation in *Literaturnaja Gruzija*, 1967, No. 9.

S. 78 *Geißlerinnen* – Anspielung auf die russ. Geißler-Sekte (Chlysten), im 17. Jh. von Danila Filippow gegründet. Nach ihrer Lehre gibt es immer wieder Inkarnationen von Christus, Maria und den Propheten. Auf das Chlysten-Emblem, die silberne Taube, bezieht sich Z. am Schluß der Erzählung. (Vgl. auch Andrej Belyjs Roman »Die silberne Taube«.)

Das Haus beim Alten Pimen (Dom u Starogo Pimena)

Zuerst erschienen in der Zeitschrift *Sovremennye zapiski*, Paris 1934, No. 54.

S. 89 *Wera Muromzewa* – Gattin des Schriftstellers Iwan Bunin; studierte bei I. W. Zwetajew Kunstgeschichte, war in ihrer Jugend mit Nadja Ilowajskaja und Walerija, in der Emigration mit Z. befreundet. Es handelte sich dabei vor allem um eine Brieffreundschaft (1928 bis 1939). Nachdem Wera Muromzewa 1931 in der Pariser Wochenzeitung »Rußland und das Slaventum« (Rossija i slavjanstvo, No. 116) ihre Erinnerungen »Beim Alten Pimen« veröffentlichte, wandte sich Z. mit einer Reihe von Fragen – die Familiengeschichte der Ilowajskijs sowie einzelne Familienmitglieder betreffend – an sie (vgl. Brief vom 6. Aug. 1933 u. a.). W. M.s detaillierte Informationen bildeten eine wichtige Grundlage für Z.s eigenen Text.

S. 92 *Mamaka* – Großmutter von I. W. Zwetajews erster Frau Warwara Dmitrijewna.

Page – russ. Paž hat die Doppelbedeutung »Page« und »Gürtel zum Aufschürzen des Rocks«.

S. 93 *Arschin* – russ. Längenmaß, 0,71 m.

S. 94 *Wint* – russ. vint hat die Doppelbedeutung »Schraube« und »Wint« (Kartenspiel).

S. 95 *tirée à quatre épingles* – frz. geschniegelt und gebügelt. Z. bezieht sich auch auf die wörtliche Bedeutung von »épingle«: Stecknadel.

S. 96 *mettre les noms sur les figures* – frz. die Figuren mit Namen versehen.

Mniszek – Marina Mniszek (1588-1614), Tochter eines polnischen Magnaten, Gattin von Grigorij Otrepjew, dem »falschen Dimitrij« (1601 ermordet).

S. 99 *Kreml* – politisch-literarische Zeitung, herausgegeben von D. I. Ilowajskij, 1897 bis 1916. Ab 1908 unter dem

Namen »Ilowajskijs Kreml« erschienen.

Michail Romanow – 1613 durch die Nationalversammlung (zemskij sobor) zum Zaren gewählt, am 21. Febr. desselben Jahres inthronisiert. Mit M. R.s Regierungsantritt nahm die »Zeit der Wirren« (smuta) ihr Ende.

S. 100 *Und den Zaren die Wahrheit* – berühmte Verszeile von Gawriil R. Derschawin (1743-1816), die politische Verantwortung des Dichters betreffend.

Godunowsches Gewölbe – Anspielung auf den Zaren Boris Godunow (1552-1605), der – namentlich in Puschkins Drama – durch seine Machtintrigen schuldig wird. Das Gewölbe wird von Z. mit Vergeltung assoziiert, wie sie sowohl Godunow als auch das Haus der Ilowajskijs trifft.

S. 101 *Farrères »Hommes vivants«* – es handelt sich um das Buch »La Maison des hommes vivants« (1911) von Claude Farrère (1876-1957).

S. 103 *Proserpina* – griech. Persephone, Tochter des Zeus und der Demeter, von Pluton geraubt. Sie war gezwungen, immer wieder in den Hades zurückzukehren, weil sie während ihrer ersten Gefangenschaft verbotenerweise von einem Granatapfel gegessen hatte. Das russ. Adjektiv »granatovyj« bezieht sich auf den Granatapfel wie auf den (roten) Granatstein.

Zinaïde Fleuriot – lebte von 1829 bis 1890, Verfasserin populärer Romane wie »Armelle Trahec« und »Im Urlaub« (En congé). – Serjoscha Bor-Ramenskij – Romanfigur von Jewgenija Tur (s. o.).

S. 109 *Domostroj* – aus dem 16. Jh. stammende »Hausregel«, Sammlung von Anweisungen für eine ideale, christlich-patriarchalische Lebensführung. Im Laufe der Zeit zum Inbegriff für häusliche Tyrannei geworden.

S. 112 *rechte Kadetten* – die Bezeichnung »Kadett« entstand aus den Initialen der »Konstitutionellen Demokratischen« Partei, einer gemäßigten politischen Gruppe.

S. 117 *Rosanow* – Wassilij W. Rosanow (1856-1919), Schriftsteller, Kritiker, Philosoph, der einen nachhaltigen Einfluß auf die Symbolisten ausübte. Die Zwetajew-Schwestern waren mit ihm bekannt; Z. schrieb R. drei äußerst aufschlußreiche Briefe (7. März, 8. und 18. Apr. 1914).

Großvater Bagrow – einer der Haupthelden von Sergej T. Aksakows romanesker Autobiographie »Eine Familienchronik« (Semejnaja chronika, 1856).

S. 119 *Rubinstein* – Anton Rubinstein (1829-1894), Pianist und Komponist, Gründer des Petersburger Konservatoriums.

Da gibt es nicht mehr Hellenen und Juden – Paulus' Brief an die Kolosser, 3,11.

S. 120 *Rolandshorn* – Anspielung auf das mittelalterliche franz. Epos »Rolandslied« (Chanson de Roland).

Haken – Krjukowo wird hier pseudoetymologisch mit dem Wort »krjuk« (russ. Haken) in Verbindung gebracht.

S. 121 *Ring* – Anspielung auf den Ring des Polykrates. Z. kannte mit größter Sicherheit Wassilij A. Schukowskijs Ballade »Der Ring des Polykrates« (Polikratov persten'), die ihrerseits auf dem gleichnamigen Gedicht von Friedrich Schiller basiert.

S. 122 *rire latent* – frz. heimliches Lachen.

S. 123 *weißuniformierte konservative Studenten* – russ. »belopokladočnik«, von revolutionären Kreisen verwendete verächtliche Bezeichnung für Studenten aristokratischer Abstammung, die elegante weißgefütterte Uniformjacken trugen.

Erzreaktionär – russ. »černosotenec« (zu »černaja sotnja«, schwarze Hundertschaft); Mitglied einer monarchistischen und chauvinistischen Organisation in den letzten Dezennien des zaristischen Rußland; Erzreaktionär.

Pawel – Zar Paul I. (1754-1801), der Sohn von Katharina d. Großen.

S. 126 *Niwa* – populäre illustrierte Zeitschrift (1870-1916), zwischen 1901 und 1916 mit einer monatlichen Literaturbeilage versehen.

S. 127 *Einst vor dem Dreikönigsfest* – Anfangszeile der Ballade »Swetlana« von Wassilij A. Schukowskij. Die erste Strophe des Gedichts handelt davon, wie junge Mädchen mittels verschiedener Spiele (Techniken) die Zukunft deuten.

Wie heißen Sie – Anspielung auf ein Zukunftsdeutungsspiel in Alexander Puschkins Versroman »Eugen Onegin« (Kap. V, 9). Die Heldin Tatjana begibt sich in einer Schneenacht ins Freie und hält einen Spiegel zum Mond. Als sie die Schritte eines Passanten vernimmt, fragt sie ihn nach seinem Namen, im Glauben, daß ihr künftiger Gatte diesen Namen tragen werde.

S. 128 *Sobinow* – Leonid W. Sobinow (1872-1934), berühmter Operntenor.

S. 135 *Nowodewitschi-Friedhof* – einer der bekanntesten Friedhöfe Moskaus, neben dem Nowodewitschi-Kloster gelegen.

Marina – ital. Bezeichnung für Meerufer.

S. 139 *O laßt mich scheinen . . .* – aus Goethes Gedicht »Dieselbe« im »Wilhelm Meister«. Die Anfangszeile lautet im Original: »*So* laßt mich scheinen, bis ich werde«.

S. 140 *Arbat* – Straße im Zentrum Moskaus.

S. 144 *der Schutzheilige aller Geschichtsschreiber Pimen* – Z. bezieht sich wohl auf den Geschichtsschreiber-Mönch Pimen in Puschkins Drama »Boris Godunow«.

Getöteter Dimitrij – Sohn Iwans d. Schrecklichen (Iwans IV.), 1591 unter mysteriösen Umständen gestorben, dem Gerücht nach von Boris Godunow ermordet.

S. 145 *Dserschinskij* – Feliks E. Dserschinskij (1877-1926),

1917 bis 1922 Vorsitzender der Tscheka, 1922 bis 1926 der GPU.

S. 147 *Ilowajskij starb 1919 ...* – Z. ist hier ungenau. D. I. starb 1920, im Alter von 88 Jahren.

S. 148 *Namensvetterin und teilweise Stammverwandte Marina* – gemeint ist Marina Mniszek (s. o.), eine gebürtige Polin wie Z.s Großmutter mütterlicherseits, Maria Bernacka.

T. F. Skrjabina – Tatjana Fjodorowna Skrjabina (1883 bis 1922), die zweite Frau des Komponisten Alexander Skrjabin.

S. 149 *Oktobrist* – die Oktobristen waren Mitglieder einer im Dez. 1905 gegründeten Partei, deren voller Name – mit Bezug auf das Manifest Nikolaus II. vom 17. Oktober 1905 – »Union des 17. Oktober« lautete. Die Partei gehörte zur liberalen Opposition.

S. 152 *gris-perle* – frz. perlgrau.

Personen

Alexander Danilowitsch Mejn
Z.s Großvater mütterlicherseits
Alexandra Alexandrowna; A. A.
die zweite Frau des Historikers D. I. Ilowajskij
Andrej; Andrjuscha
der Halbbruder von Z. (1890-1933)
Assja; Assenka
Anastassija Zwetajewa, die Schwester von Z. (*1894)
Augusta Iwanowna
baltendeutsches Kindermädchen der Zwetajews
Dmitrij Iwanowitsch; D. I.
der Historiker Ilowajskij, der Stiefgroßvater von Z. (1832-1920)
Iwan Wladimirowitsch; I. W.
Z.s Vater (1846-1913)
Marija Alexandrowna
Z.s Mutter (1868-1906)
Marina; Marina Iwanowna; Marussja; Mussja; Mussenka
Marina Zwetajewa (1892-1941)
Nadja
Tochter von D. I. und A. A. Ilowajskij
Olga; Olja
Tochter von D. I. und A. A. Ilowajskij
Serjoscha
Sohn von D. I. und A. A. Ilowajskij
Serjoscha (Efron)
Mann von Z. (1893-1941)
Walerija; Ljora
Halbschwester von Z. (1883-1966)
Warwara Dmitrijewna; W. D.
Tochter von D. I. Ilowajskij, erste Frau von Z.s Vater, Mutter von Walerija und Andrej (1858-1890)

Nachwort

»Verstehen Sie mich in meiner einsamen Position (die einen halten mich für eine ›Bolschewikin‹, die andern für eine ›Monarchistin‹, die dritten für das eine und andere, und alle gehen sie daneben) – die Welt schreitet voran und *muß* voranschreiten: ich aber *mag nicht*, es GEFÄLLT mir nicht, ich habe das Recht, nicht mein eigener Zeitgenosse zu sein . . .« So Marina Zwetajewa an die Freundin Wera Muromzewa-Bunina, Clamart bei Paris, 19. August 1933.

Die Emigration hat sich als Debakel erwiesen: Armut, Einsamkeit, Ausweglosigkeit. Alternative? Keine. »Für mich sein. Ein Kamtschatkabär / ohne das Eis. Kann nicht dabeisein, / kann nicht (wills auch nicht mehr). / Wo man sich beugen muß, mir gleich.« 1939 kehrt sie dennoch in die Heimat zurück, auf den Spuren des Mannes und der Tochter: Sergej Efron, in Paris ab 1935 für den sowjetischen Geheimdienst tätig, wird in Moskau für seine Dienste erschossen, die Tochter Ariadna verschwindet im Lager. Zwetajewa sieht keine Chancen; arbeitslos und entwurzelt, nach der deutschen Sommeroffensive von 1941 ins tatarische Jelabuga evakuiert, nimmt sie sich am 31. August das Leben. Ihr Sohn Georgij fällt 1944, mit neunzehn Jahren, an der Front.

Der Knoten schürzt sich um 1933. Die Familie wird gepfändet (»kein Leben – ein langsamer Hungertod«), für politisch suspekt erklärt. Zwetajewa, zwischen allen Fronten stehend, hat größte Mühe, ihre Werke in Zeitschriften unterzubringen. Ihre ideologische Unabhängigkeit, ihre künstlerische Intransingenz machen die Mediokren unwirsch. Was tun? »Das Haus ist Fremde, der Tempel Leere / und alles ganz und alles gleich.« Alles – außer der Kunst. An ihr hält Zwetajewa als letzter Bastion fest, für sie kämpft sie, »maßlos in einer Welt nach Maß«. Die einzige »Konzession«, auf die sie sich gezwungenermaßen einläßt, betrifft die Gattung. Ihre Lyrik, so sagen die

Literaturverwalter, sei zu schwierig, also schreibt sie Prosa. »Die Emigration macht mich zum Prosaisten. Natürlich . . . ist es eine lyrische Prosa, dennoch kommt sie *nach* den Gedichten!« (an Anna Tesková, 1933)

Zwetajewa wertet, hierarchisiert die literarischen Genres, und man mag ihr – mit Joseph Brodsky – recht geben, dennoch stellt ihre eigenwillige, dichte und dichterische Prosa den schlechterdings adäquaten Ausdruck für ihre Erinnerungsarbeit, ihre Vergangenheitsaufarbeitung dar. Vergangenheit? Wird die Gegenwart zur Sackgasse, bleibt nur »ein Spalt: in die Tiefe, ein Spalt, der aus der Zeit heraus in die Tropfsteinhöhlen der Vorgeschichte führt: in das unterirdische Reich der Persephone und des Minos, dorthin, wo Orpheus Abschied nahm – in den Hades. Oder in das selige Reich der Frau Holle« (an Jurij Ivask, 1934).

Märchen und Tod, »Holle und Hölle« sind die Konstanten ihrer Kindheit, die magischen Anziehungspunkte der Vergangenheit. »Das *Vergangene* ist stärker als das Seiende, und das Stärkste von allem, weil das am meisten Vergangene – ist die Kindheit. Sind die Wurzeln.« In den Briefen an Wera Muromzewa-Bunina entfaltet Zwetajewa die Metaphern der Tiefe, charakterisiert sie den Schreibprozeß als »Ausgrabungsarbeit«. Das Abtragen der Schichten, mit dem Ziel, das Vergangene *aufzuerwecken*, zu vergegenwärtigen. Nicht zu rekonstruieren, zu konservieren, nein; die Archäologie des Bewußtseins will Leben aufdecken, wiedererschaffen. Deshalb läßt Zwetajewa die Personen ihrer Kindheit reden, vermischt sie ihre Stimme mit dem polyphonen Chor der Gewesenen. Die Stimmen verwirren und entwirren sich, wie im Leben. Und müßig die Frage, wo die Trennlinie zwischen Autor und Erzähler verläuft. Wo das Dokument zur Fiktion wird. Zwetajewa sondiert, doch mit Emotion. Sie »vergöttert die Legende« und »haßt [doch] die Ungenauigkeit«. »Meiner Natur gemäß spreche ich sinnbildlich, aber ich glaube – auch das ist das Leben. An die *Fakten* rühre ich nicht, ich deute sie bloß« (an Wera Muromzewa-Bunina, 1933).

Zwetajewas Deutungsarbeit verfolgt eine bestimmte Richtung. So schmal der Blickwinkel, der thematische Radius ihrer autobiographischen Prosa – »bei mir ist das Haus – die Welt!« –, so stark die Tendenz zur Mythisierung des Selbst und der eigenen Umwelt. Nicht am individuellen Lebenslauf, nicht an der linearen »Fabel« ist Zwetajewa interessiert, sondern am magischen Moment und an der schicksalhaften Fügung. Statt Psychologie – Mythologie, statt Logik – Offenbarung. »Das ganze Werk der Zwetajewa«, schreibt Susan Sontag mit besonderem Bezug auf deren Prosa, »ist eine Aufforderung zur Verzückung und zur genialen Besonderheit, das heißt zur Hierarchie: eine Poetik des Prometheischen.«

Zwetajewa ist mit der deutschen Romantik groß geworden. Heine, Hölderlin, der späte Goethe gehörten zu ihren Lieblingsdichtern. Sie las im Original Lenau, Storm, La Motte-Fouqués »Undine«, die Märchen der Gebrüder Grimm und Gustav Schwabs »Sagen des Klassischen Altertums«. Sie las selber – oder die Mutter las ihr vor. Erhabenheit und Pathos prägten sie früh. Sowie der Glaube, Besonderes leisten und das Auserwähltsein durch Einsamkeit bezahlen zu müssen (»In dieser christlichsten aller Welten sind die Dichter – Juden«). Die Mutter, eine talentierte Musikerin, wollte aus ihr eine Pianistin machen. Doch die Dichtung erwies sich als stärker. Marina schreibt ihre ersten Gedichte mit sechs – auf russisch und deutsch. Die Welt besteht für sie aus Wörtern, aus Reimen und Assonanzen; in diesem Universum entfaltet sich ihre Phantasie – und ihre Musikalität.
Ein wichtiger Teil von Zwetajewas zwischen 1933 und 1937 entstandener autobiographischer Prosa bezieht sich auf das »Selbst als dichterisches Ich« (Susan Sontag). »Mutter und die Musik« zeigt den Konflikt zwischen Berufung und Talentforcierung von außen, durch die Mutter – ein Konflikt, der durch die Dominanz der genuinen Begabung entschieden wird. Zeigt es mittels einer Sprache, die die Suche nach der Sprache

nachvollzieht – kreativ, spielerisch, lautmalerisch. Pseudoetymologie und Paronomasie gehören zu ihren wesentlichen Merkmalen. Die Erzählung »Der Teufel« ist ein einziges Sprach- und Assoziationsspiel, sujetlos, wenn man sich weigert, die Sprache selbst als Sujet anzuerkennen. Zwetajewa macht hier Fremdzitate, Redewendungen, Namen zum Auslöser für ihre Sprachkreativität, eine Sprachkreativität, die sich wiederum als nachvollziehende behauptet: denn der Text verweist auf die Kindheit der Dichterin, auf die Genese ihres Dichtens.

Die Dichtung als Mythos. Die Selbstmythisierung des dichtenden Ich. Nicht egozentrisch ist Zwetajewas Prosa, sondern romantisch-pathetisch, sofern sie »die Einzigartigkeit der subjektiven Empfindung als Außerordentlichkeit im Objektiven der Welt« begreift. Zu dieser Einzigartigkeit gehört die »Augenblicksemphase des Subjektes, eines Subjektes, das außer sich gerät, sich vervielfältigt und in seiner pathetischen Selbstüberschreitung aus der Gleichförmigkeit der Gesellschaft punktuell herausfällt« (Eva Weisz).
Zwetajewa ist nicht eine Chronistin ihrer Zeit, obwohl hellhörig für ihren politischen Puls. Sie verabsolutiert die eigene (kindliche) Erfahrung, macht den begrenzten Wirklichkeitsausschnitt zur Welt. Ein vertikales Vorgehen, von der Überzeugung diktiert, daß das Vergangene besonders und schicksalhaft war. War es das in der Tat? Schwer zu sagen, denn Zwetajewa evoziert nicht Fakten, sondern inszeniert – ihrerseits wie das Fatum waltend – intensive Momente: Unmittelbarkeit. Selbst bei Schauplätzen hält sie sich nur auf, wenn diese »sprechend« sind. So besteht das Moskauer Elternhaus am Trjochprudnyj pereulok Nr. 8 aus drei Signifikanten: dem Klavier (die Welt der Mutter), dem seidentapezierten Zimmer der Halbschwester Walerija (die Welt des »Teufels«) und dem pappelbestandenen Hof, auf dem einmal im Jahr die Truhen von Iwan Zwetajews verstorbener erster Frau, Warwara Ilo-

wajskaja, ausgelüftet werden. Die Datscha bei Tarussa mit ihrem blauen Ofen und dem riesigen Jasminstrauch erscheint als Kristallisationspunkt kindlicher Ausbruchswünsche (»Die Kirillstöchter«) und markiert zugleich das Ende der Kindlichkeit und Kindheit: hier stirbt 1906, im Alter von 37 Jahren, Zwetajewas Mutter. Vom Tod überschattete Stationen sind das genuesische Nervi und Freiburg im Breisgau, wo die Mutter, in Begleitung ihrer Kinder, Heilung für ihre Tuberkulose suchte. Ein makabres Totenhaus ist das Haus beim Alten Pimen – das Haus von Zwetajewas Stiefgroßvater Ilowajskij –, Inbegriff einer unwiederbringlich vergangenen Zeit.

Der Tod zieht sich als quasi mythisches Phänomen durch die Prosa der Zwetajewa – der Tod einzelner Personen, der Tod jener Epoche, die mit 1917 zu Ende ging. Oft als Reaktion auf eine Todesnachricht entstanden – »Der gefangene Geist« und »Dein Tod« als Antwort auf den Tod Andrej Belyjs bzw. Rainer Maria Rilkes, »Das Haus beim Alten Pimen« und »Die Erzählung von Sonetschka« als Antwort auf den Tod des Halbbruders Andrej bzw. der Schauspielerin und Jugendfreundin Sonja Holliday – haben Zwetajewas Essays und autobiographische Erinnerungstexte elegischen Charakter, lesen sie sich wie poetische Nekrologe oder Epitaphe. Zugleich aber erschaffen sie das Dahingegangene neu, verhelfen ihm durch eine mythisierende (mythologisierende) Deutung zum Leben.

So wie Zwetajewa den toten Dichterkollegen Max Woloschin (»Lebendes über einen Lebenden«) zu einem Zeus stilisiert, stilisiert sie Dmitrij Ilowajskij zum Hades, zum Gott der Unterwelt. In ihrem längsten autobiographischen Prosatext, »Das Haus beim Alten Pimen« (1933), entzündet sich ihre Phantasie an der monströsen Tatsache, daß ein Mensch alle seine Kinder überlebt. Das ist an sich schon mythisch, ebenso wie das schreckliche Ende von Ilowajskijs zweiter Frau, die im eigenen Haus einem Raubmord zum Opfer fiel. Zwetajewa läßt sich auf psychologische Details ein, um zu beweisen, daß es sich nicht um Psychologie, sondern um Schicksal gehandelt habe. Eine Scheinargumentation, denn der Schicksalsgedanke bildet die Prämisse des Texts, die ihn von Grund auf prägt und ihm eine kompakte Unheimlichkeit verleiht.

Das sich wiederholende Bild des alten Ilowajskij, wie er in seinem bodenlangen Bibermantel im Zwetajewschen Salon sitzt, einsam und abgerückt, bis er dieses »Schneefeld seines wölfischen Geschicks« eines Tages durchquert, um in seinem Totenhaus zu verschwinden. Das Haus selbst erscheint als ein geschlossener Kosmos, eine symbolische Ordnung – mit den herrschenden Eltern im Obergeschoß, den unterdrückten Kindern im Untergeschoß, mit den Zeitungsstapeln, die sich in den Fensternischen türmen und das Tageslicht verhüllen, mit einem mächtigen Wächter: dem Fliederbusch.

In ihrem myth(olog)isierenden Bestreben greift Zwetajewa zum Symbol und zum festen Epitheton. Die rotwangige, rotgewandete Nadja wird – über die Assoziationskette »granatfarben«, »Granatapfel« – zur Persephone, der weißuniformierte Serjoscha zum lichten Cherub; metonymisch stehen die spitzen (Haar-)Nadeln für die harte Alexandra Alexandrowna, der Bibermantel, die Hauszeitung »Kreml« sowie die Hafergrütze für den Historiker und Gesundheitsfanatiker Ilowajskij. Ilowajskij selbst symbolisiert als Erzkonservativer das zaristische Rußland: die vergangene Welt. Zwetajewa schildert ihn als Typus, als Inbegriff einer Epoche, als Handlanger des Schicksals. Leitmotivisch entfaltet sie seine stereotypen Reaktionen, in kontrastiven Gegenüberstellungen stilisiert sie ihn zum Koloß. Da wird einer von der Tscheka festgenommen und hat den Mut, den revolutionären »Genossen« ins Gesicht zu sagen, er kenne weder Lenin noch Trozkij. Stil, zweifellos. Prinzipientreue. Von ihr weicht Ilowajskij nur einmal ab: als er, der berüchtigte Antisemit, Freundschaft mit Zwetajewas philosemitischer Mutter, einer Verehrerin Heines und Schülerin Anton Rubinsteins, schließt. Diese Inkonsequenz – oder ist es ein Paradox? – enthüllt gerade so viel Menschlichkeit, daß sich die Schuldfrage stellt. Zwetajewa, psychologische Deutungen immer wieder streifend, entscheidet sich für den Mythos: Ilowajskij, in seiner »unmenschlichen Einsamkeit«, »entzieht sich jedem Urteil«.

Man mag Zwetajewas Prosa provozierend finden, irritierend auch. Sie ist es. Ihr subjektives Pathos, das sich schwärmerisch-elegisch oder apodiktisch gebärdet, hat etwas ebenso Unterwerfendes wie ihre Sprache – »gegen den Strom« geschrieben, gegen den Strich gekämmt. Eine Antiprosa: assoziativ, lyrisch, paradox, deren gezügelte und zögernde, durch zahllose Interpunktionen gegliederte elliptisch-arhythmische Syntax den Gedanken *in statu nascendi* wiederzugeben scheint. Das Sperrige, Geballte als Ausdruck der Unmittelbarkeit. Prosaismen und Neologismen unkonventionell vereint, um »die natürliche Trägheit der Sprache zu brechen« (V. Lossky). Brüche – aus Prinzip. Als Stilmittel. (Das futuristische Erbe.) Sprachspiel und Sprachreflexion als Motor des Texts. Es gibt nichts außerhalb der Sprache. Und »außerhalb des Mythos«.
Hier liegt ein weiteres Moment der Irritation für jene, die Zwetajewas Prosa als autobiographisch im Sinne von dokumentarisch auffassen (möchten). Letzteres ist sie nicht, will es nicht sein. »Bei mir ist alles, ›wie ich es sehe‹«, zitiert Zwetajewa in einem Brief Peter Altenberg. Die persönliche Sicht, den Eigen-Sinn behält sie sich vor. Eine Art höherer (tieferer) Wahrheit. Wahrheitssuche. Denn das Tasten nach dem Kern der Dinge – der Erinnerungsprozeß als solcher – ist von Fragen begleitet, reflektiert sich ständig selbst. Ein dialogischer Monolog, augenblicksbesessen und keineswegs darauf bedacht, die Dinge um jeden Preis an ihren rechten Platz zu rücken.
Solches hat, sehr viel später, Zwetajewas Schwester Anastassija in ihren Memoiren versucht. Hier wird in allen Einzelheiten aufgerollt, was Zwetajewa oft nur mit wenigen Strichen

andeutet; hier wird mit offensichtlicher Bemühung um Ausgewogenheit und Objektivität (in Wirklichkeit aber mit beträchtlichen politischen Kompromissen) berichtet, was Zwetajewa pointillistisch, mit heftigem lyrischem Zugriff formt, verdichtet, mythisiert. Zur »Reaktion auf sich selbst« (Joseph Brodsky) macht.
Gewiß: Zwetajewa horcht die Vergangenheit ab. Doch geht es ihr dabei vor allem um den Vorgang des Abhorchens, um die Frage: Was ist? (nicht: was war?). Was empfinde ich heute beim Erinnern dessen, was ich damals empfand? Die Gebrochenheit der Erzählung, die doppelte Perspektive, der Wechsel der Zeiten. Vergegenwärtigung und Kommentar in einem. Kontrollierte Hingabe an das, was die Kindheit hier und heute evoziert. Und immer wieder der Versuch, das Gefühl in eine Formel zu bannen, zu komprimieren, zu ballen. Was als Familienchronik intendiert war, geriet zu einer glühenden Ichprosa.

»In mir« – so Zwetajewa 1934 an Jurij Ivask – »hat alles koexistiert, von Anfang an: seit meinem zweiten Lebensjahr, seit meiner Geburt, seit vor der Geburt, seit der Idee, seit dem Entschluß meiner Mutter, einen Sohn Alexander zu haben (deshalb bin ich ein Dichter, nicht eine Dichterin geworden) . . . (In mir könnte man mindestens *sieben* Dichter, geschweige denn Prosaisten, ausmachen, entsprechend verschieden sind die Prosaarten, vom trockensten Gedanken bis zur grellsten Wortmalerei. So bin ich denn – als *Ganzes* – schwer zu greifen und zu begreifen. Der Schlüssel aber ist einfach. Einfach glauben, es einfach verstehen – *das Wunder*.)
Annehmen.«

Ilma Rakusa

Benutzte Literatur

Joseph Brodsky (Iossif Brodskij): »Der Dichter und die Prosa« (Poėt i proza). In: Marina Cvetavea, *Izbrannaja proza v dvuch tomach, 1917-1937*, tom pervyj, Russica Publishers. Inc., New York 1979

Véronique Lossky: »La Prose de Marina Cvetaeva«. In: *Cahiers de linguistique, d'orientalisme et de slavistique*, 12, janvier 1979, Paris 1979

Susan Sontag: »Marina Zwetajewa. Die Prosa einer Dichterin«. In: *Akzente*, Heft 3, Juni 1984

Eva Weisz: »Gedanken über das Pathetische«. In: *Kunst mit Eigen-Sinn*. Aktuelle Kunst von Frauen. Texte und Dokumentation, Löcker Verlag, Wien–München 1985

Anastassija Zwetajewa: *Kindheit mit Marina*, Limes Verlag, Wiesbaden und München 1977

Marina Zwetajewa: *Gedichte*. Aus dem Russischen von Christa Reinig, Verlag Klaus Wagenbach, Berlin 1968 (»Heimweh, jedesmal«)

Marina Zwetajewa (Cvetaeva): »Briefe an Jurij P. Ivask« (Pis'ma M. I. Cvetaevoj Ju. P. Ivasku, 1933-1937). In: *Russkij literaturnyj archiv*, pod redakciej M. Karpoviča i Dm. Čiževskogo, New York 1956

Marina Zwetajewa (Cvetaeva): »Briefe an Wera Muromzewa-Bunina« (Pis'ma k V. N. Buninoj). In: M. C., *Neizdannye pis'ma*, Ymca-Press, Paris 1972

Marina Zwetajewa (Cvetaeva): »Briefe an Anna Tesková« – *Pis'ma k A. Teskovoj*, Academia, Praga 1969

Inhalt

Bibliothek Suhrkamp

Verzeichnis der letzten Nummern

629 Louis Aragon, Libertinage, die Ausschweifung
632 Meinrad Inglin, Werner Amberg. Die Geschichte seiner Kindheit
634 Rainer Maria Rilke, Die Sonette an Orpheus
636 François Mauriac, Die Tat der Thérèse Desqueyroux
639 Yasushi Inoue, Eroberungszüge
640 August Strindberg, Das rote Zimmer
641 Ernst Simon, Entscheidung zum Judentum
643 E. M. Cioran, Über das reaktionäre Denken
644 Julien Green, Jugend
645 Marie Luise Kaschnitz, Beschreibung eines Dorfes
646 Thomas Bernhard, Der Weltverbesserer
648 Volker Braun, Unvollendete Geschichte
649 Hans Carossa, Ein Tag im Spätsommer 1947
650 Jean-Paul Sartre, Die Wörter
655 Robert Walser, Geschichten
659 Wolfgang Koeppen, Das Treibhaus
663 Hans Erich Nossack, Der Neugierige
665 Mircea Eliade, Fräulein Christine
670 Ding Ling, Das Tagebuch der Sophia
672 Karl Krolow, Gedichte
676 Mircea Eliade, Neunzehn Rosen
677 Erich Kästner, Gedichte
680 Rudolf Jakob Humm, Die Inseln
681 Misia Sert, Pariser Erinnerungen
682 Hans Henny Jahnn, Die Nacht aus Blei
683 Luigi Malerba, Geschichten vom Ufer des Tibers
684 Robert Walser, Kleine Dichtungen
685 Reinhold Schneider, Verhüllter Tag
688 Hans Carossa, Führung und Geleit
689 Ferdinand Ebner, Das Wort und die geistigen Realitäten
690 Hugo Ball, Zur Kritik der deutschen Intelligenz
695 Gertrude Stein, Ida
696 Odysseas Elytis, Ausgewählte Gedichte
697 Wisława Szymborska, Deshalb leben wir
699 Machado de Assis, Dom Casmurro
700 Peter Weiss, Abschied von den Eltern
701 Wladimir Tendrjakow, Die Abrechnung
702 Ernst Weiß, Der Aristokrat
703 Christian Wagner, Gedichte
704 August Strindberg, Plädoyer eines Irren
706 Ernst Penzoldt, Zugänge
707 Mercè Rodoreda, Reise ins Land der verlorenen Mädchen

709 Yasushi Inoue, Das Tempeldach
710 Bertolt Brecht, Mutter Courage und ihre Kinder
712 J. Rodolfo Wilcock, Das Buch der Monster
715 Bohumil Hrabal, Schneeglöckchenfeste
716 Michel Leiris, Lichte Nächte und mancher dunkle Tag
717 Colette, Diese Freuden
718 Heinrich Lersch, Hammerschläge
719 Robert Walser, An die Heimat
720 Miguel Angel Asturias, Der Spiegel der Lida Sal
721 Odysseas Elytis, Maria Nepheli
722 Max Frisch, Triptychon
724 Heinrich Mann, Professor Unrat
726 Bohumil Hrabals Lesebuch
727 Adolf Muschg, Liebesgeschichten
728 Thomas Bernhard, Über allen Gipfeln ist Ruh
729 Wolf von Niebelschütz, Über Barock und Rokoko
730 Michail Prischwin, Shen-Schen
732 Heinrich Mann, Geist und Tat
733 Jules Laforgue, Hamlet oder die Folgen der Sohnestreue
734 Rose aus Asche
736 Jarosław Iwaszkiewicz, Drei Erzählungen
737 Leonora Carrington, Unten
738 August Strindberg, Der Todestanz
739 Hans Erich Nossack, Das Testament des Lucius Eurinus
741 Miguel Angel Asturias, Der Böse Schächer
742 Lucebert, Die Silbenuhr
743 Marie Luise Kaschnitz, Ferngespräche
744 Emmanuel Bove, Meine Freunde
745 Odysseas Elytis, Lieder der Liebe
746 Boris Pilnjak, Das nackte Jahr
747 Hermann Hesse, Krisis
748 Pandelis Prevelakis, Chronik einer Stadt
749 André Gide, Isabelle
750 Guido Morselli, Rom ohne Papst
752 Luigi Malerba, Die Entdeckung des Alphabets
753 Jean Giraudoux, Siegfried oder Die zwei Leben des Jacques Forestier
754 Reinhold Schneider, Die Silberne Ampel
755 Max Mell, Barbara Naderer
756 Natalja Baranskaja, Ein Kleid für Frau Puschkin
757 Paul Valery, Die junge Parze
758 Franz Hessel, Heimliches Berlin
759 Bruno Frank, Politische Novelle
760 Zofia Romanowiczowa, Der Zug durchs Rote Meer
761 Giovanni Verga, Die Malavoglia
762 Roland Barthes, Am Nullpunkt der Literatur
763 Ernst Weiß, Die Galeere

764 Machado de Assis, Quincas Borba
765 Carlos Drummond de Andrade, Gedichte
766 Edmond Jabès, Es nimmt seinen Lauf
767 Thomas Bernhard, Am Ziel
768 Ödön von Horváth, Mord in der Mohrengasse / Revolte auf Côte 3018
769 Thomas Bernhard, Ave Vergil
770 Thomas Bernhard, Der Stimmenimitator
771 Albert Camus, Die Pest
772 Norbert Elias, Über die Einsamkeit der Sterbenden in unseren Tagen
773 Peter Handke, Die Stunde der wahren Empfindung
774 Francis Ponge, Das Notizbuch vom Kiefernwald / La Mounine
775 João Guimarães Rosa, Doralda, die weiße Lilie
776 Hermann Hesse, Unterm Rad
777 Lu Xun, Die wahre Geschichte des Ah Q
778 H. P. Lovecraft, Der Schatten aus der Zeit
779 Ernst Penzoldt, Die Leute aus der Mohrenapotheke
780 Georges Perec, W oder die Kindheitserinnerung
781 Clarice Lispector, Die Nachahmung der Rose
782 Natalia Ginzburg, Die Stimmen des Abends
783 Victor Segalen, René Leys
785 Uwe Johnson, Skizze eines Verunglückten
786 Nicolás Guillén, Ausgewählte Gedichte
787 Alain Robbe-Grillet, Djinn
788 Thomas Bernhard, Wittgensteins Neffe
789 Vladimir Nabokov, Professor Pnin
790 Jorge Luis Borges, Ausgewählte Essays
791 Rainer Maria Rilke, Das Florenzer Tagebuch
792 Emmanuel Bove, Armand
793 Bohumil Hrabal, Bambini di Praga
794 Ingeborg Bachmann, Der Fall Franza/Requiem für Fanny Goldmann
795 Stig Dagerman, Gebranntes Kind
796 Generation von 27, Gedichte
797 Peter Weiss, Fluchtpunkt
798 Pierre Loti, Aziyadeh
799 E. M. Cioran, Gevierteilt
800 Samuel Beckett, Gesellschaft
801 Ossip Mandelstam, Die Reise nach Armenien
802 René Daumal, Der Analog
803 Friedrich Dürrenmatt, Monstervortrag über Gerechtigkeit und Recht
804 Alberto Savinio, Unsere Seele/Signor Münster
805 Henry de Montherlant, Die Junggesellen
806 Ricarda Huch, Lebenslauf des heiligen Wonnebald Pück
807 Samuel Beckett, Drei Gelegenheitsstücke

808 Juan Carlos Onetti, So traurig wie sie
809 Heinrich Böll, Wo warst du, Adam?
810 Guido Ceronetti, Das Schweigen des Körpers
811 Katherine Mansfield, Meistererzählungen
812 Hans Mayer, Ein Denkmal für Johannes Brahms
813 Ogai Mori, Vita sexualis
814 Benito Pérez Galdós, Miau
815 Gertrud Kolmar, Gedichte
816 Rosario Castellanos, Die neun Wächter
817 Bohumil Hrabal, Schöntrauer
818 Thomas Bernhard, Der Schein trügt
819 Martin Walser, Ein fliehendes Pferd
820 Gustav Januš, Gedichte
821 Bernard von Brentano, Die ewigen Gefühle
822 Franz Hessel, Der Kramladen des Glücks
823 Salvatore Satta, Der Tag des Gerichts
824 Marie Luise Kaschnitz, Liebe beginnt
825 John Steinbeck, Die Perle
826 Clarice Lispector, Der Apfel im Dunkel
827 Bohumil Hrabal, Harlekins Millionen
828 Hans-Georg Gadamer, Lob der Theorie
829 Manuel Rojas, Der Sohn des Diebes
830 Jacques Stéphen Alexis, Der verzauberte Leutnant
831 Gershom Scholem, Judaica 4
832 Elio Vittorini, Erica und ihre Geschwister
833 Oscar Wilde, De Profundis
834 Peter Handke, Wunschloses Unglück
835 Ossip Mandelstam, Schwarzerde
836 Mircea Eliade, Dayan / Im Schatten einer Lilie
837 Angus Wilson, Späte Entdeckungen
838 Robert Walser, Seeland
839 Hermann Hesse, Sinclairs Notizbuch
840 Luigi Malerba, Tagebuch eines Träumers
841 Ivan Bunin, Mitjas Liebe
842 Jürgen Becker, Erzählen bis Ostende
843 Odysseas Elytis, Neue Gedichte
844 Robert Walser, Die Gedichte
845 Paul Nizon, Das Jahr der Liebe
846 Félix Vallotton, Das mörderische Leben
847 Clarice Lispector, Nahe dem wilden Herzen
849 Ludwig Hohl, Daß fast alles anders ist
850 Jorge Amado, Die Abenteuer des Kapitäns Vasco Moscoso
851 Hermann Lenz, Der Letzte
852 Marie Luise Kaschnitz, Elissa
853 Jorge Amado, Die drei Tode des Jochen Wasserbrüller
854 Rudyard Kipling, Das Dschungelbuch
855 Alexander Moritz Frey, Solneman der Unsichtbare

856 Kobo Abe, Die Frau in den Dünen
857 Thomas Bernhard, Beton
858 Felisberto Hernández, Die Hortensien
860 Juije Trifow, Zeit und Ort
861 Shen Congwen, Die Grenzstadt
862 Ogai Mori, Die Wildgans
863 Karl Krolow, Im Gehen
865 Gertrud von le Fort, Die Tochter Farinatas
866 Joachim Maass, Die unwiederbringliche Zeit
867 Stanisław Lem, Die Geschichte von den drei geschichtenerzählenden Maschinen des Königs Genius
868 Peter Huchel, Margarethe Minde
869 Hermann Hesse, Steppenwolf mit 15 Aquarellen von Gunter Böhmer
870 Thomas Bernhard, Der Theatermacher
871 Hans Magnus Enzensberger, Der Menschenfreund
872 Emmanuel Bove, Bécon-les-Bruyères
873 Max Frisch, Biografie: Ein Spiel, Neue Fassung 1984
874 Anderson/Stein, Briefwechsel
875 Rafael Sánchez Ferlosio, Abenteuer und Wanderungen des Alfanhui
877 Franz Hessel, Pariser Romanze
878 Danilo Kiš, Garten, Asche
879 Hugo von Hofmannsthal, Lucidor
880 Adolf Muschg, Leib und Leben
881 Horacio Quiroga, Geschichten von Liebe, Irrsinn und Tod
882 Max Frisch, Blaubart
883 Mircea Eliade, Nächte in Serampore
884 Clarice Lispector, Die Sternstunde
885 Konrad Weiß, Die Löwin
887 Jean Grenier, Die Inseln
888 Thomas Bernhard, Ritter, Dene, Voss
889 Max Jacob, Höllenvisionen
890 Rudyard Kipling, Kim
891 Peter Huchel, Die neunte Stunde
892 Scholem-Alejchem, Schir-ha-Schirim
893 Ferreira Gullar, Schmutziges Gedicht
894 Martin Kessel, Die Schwester des Don Quijchote
895 Raymund Queneau, Mein Freund Pierrot
899 Thomas Bernhard, Der Untergeher
900 Martin Walser, Gesammelte Geschichten
901 Leonora Carrington, Das Hörrohr
902 Henri Michaux, Ein gewisser Plum
903 Walker Percy, Der Kinogeher
904 Julien Gracq, Die engen Wasser
909 Marie Luise Kaschnitz, Menschen und Dinge 1945
910 Thomas Bernhard, Einfach kompliziert

Bibliothek Suhrkamp

Alphabetisches Verzeichnis

Abe: Die Frau in den Dünen 856
Adorno: Mahler 61
– Minima Moralia 236
Aitmatow: Dshamilja 315
Alain: Die Pflicht glücklich zu sein 470
Alain-Fournier: Der große Meaulnes 142
– Jugendbildnis 23
Alberti: Zu Lande zu Wasser 60
Alexis: Der verzauberte Leutnant 830
Amado: Die Abenteuer des Kapitäns Vasco Moscoso 850
– Die drei Tode des Jochen Wasserbrüller 853
Anderson/Stein: Briefwechsel 874
Apollinaire: Bestiarium 607
Aragon: Libertinage, die Ausschweifung 629
Assis de: Dom Casmurro 699
– Quincas Borba 764
Asturias: Der Böse Schächer 741
– Der Spiegel der Lida Sal 720
– Legenden aus Guatemala 358
Bachmann: Der Fall Franza/Requiem für Fanny Goldmann 794
Ball: Zur Kritik der deutschen Intelligenz 690
Bang: Das weiße Haus 586
– Das graue Haus 587
Baranskaja: Ein Kleid für Frau Puschkin 756
Barnes: Antiphon 241
– Nachtgewächs 293
Baroja: Shanti Andía, der Ruhelose 326
Barthelme: Komm wieder Dr. Caligari 628
Barthes: Am Nullpunkt der Literatur 762
– Die Lust am Text 378
Baudelaire: Gedichte 257
Becher: Gedichte 453
Becker, Jürgen: Erzählen bis Ostende 842
Becker, Jurek: Jakob der Lügner 510
Beckett: Der Verwaiser 303
– Drei Gelegenheitsstücke
– Erste Liebe 277
– Erzählungen 82
– Gesellschaft 800
– Residua 254
Belyí: Petersburg 501
Benjamin: Berliner Chronik 251
– Berliner Kindheit 2
– Denkbilder 407
– Einbahnstraße 27
– Über Literatur 232
Bernhard: Amras 489
– Am Ziel 767
– Ave Vergil 769
– Beton 857
– Der Präsident 440
– Der Schein trügt 818
– Der Stimmenimitator 770
– Der Theatermacher 870
– Der Untergeher 899
– Der Weltverbesserer 646
– Die Jagdgesellschaft 376
– Die Macht der Gewohnheit 415
– Der Ignorant und der Wahnsinnige 317
– Einfach kompliziert 910
– Ja 600
– Midland in Stilfs 272
– Ritter, Dene, Voss 888
– Über allen Gipfeln ist Ruh 728
– Verstörung 229
– Wittgensteins Neffe 788
Bloch: Erbschaft dieser Zeit 388